くらしと
ビジネスの法律

堂山　健

序　文

　筆者は、2022年と2023年に、京都西山短期大学において「ビジネス法律」及び「くらしと法律」の講義を担当する機会を得ました。本書は、その2学期分の講義の内容をまとめ、取捨選択し、15章に再編成したものです。

　筆者は本業では大阪で弁護士をしており、このたび短期大学での講義の依頼を受けるにあたって、講義で使用する教科書を探しました。ところが、いわゆる入門書の多くは、これから法律を専門に学んでいく学生に向けたものであったり、哲学的な思索を深めるものであったり、あるいは、資格検定に特化したものであったりしました。

　短期大学の主な目的は「職業又は実際生活に必要な能力を育成すること」（学校教育法第108条1項）であり、実際上も2年生の受講生の多くは翌年度には早くも就職して社会に出ることになります。

　そのため、その後の学習を前提とした法学部生向けの入門書などは、短大生に向けた講義で使用するには、やや不適でした。実際の講義は、既存の教科書を一部割愛しながら進め、必要に応じてレジュメで補うなどして進めましたが、教科書と講義の内容が完全には一致していないことは、学生のみなさんの学習の混乱のもとになったことは否めません。

　そこで、講義の内容をもとに教科書を執筆しておけば、今後の機会に過不足なく講義を進められると考えたのが、本書を執筆した動機となります。

　そのため、本書は簡潔を旨とし、敢えて詳細や例外に立ち入らずに各テーマを扱っています。過度に単純化してしまっているように感じるところもあるかと存じますが、法律の全体像を素早く学んでいただくためですので、ご了承ください。

　また、文量も抑え込み、全体で約百ページの小冊子とすることにより、筆者の講義の受講生であった短大生のように、社会人となる直前に法律の要点を素早く知りたいと希望される読者が、短い時間で手軽に読破できるサイズとなりました。

　このような特徴を持つ本書の出版を可能にしていただいた大阪公立大学出版会の各位に感謝するとともに、本書が読者の皆様の学習に役立つことを祈念しています。

　2023年12月

堂山　健

目　次

第 1 章

本書の目標と法律を学ぶ目的

　本書は、読者のみなさんに法的知見に親しみを持ってもらうことを目標として執筆しています。序文で書いた通り、本書は、短期大学の学生向けの講義をまとめたものです。大学の法学部などで専門的に法学を学ぶ予定の人向けの入門書ではないため、法律の細かい解釈や思想などには立ち入りません。また、法律を網羅するものでもありません。

1　法律を学ぶ目的

　では、なぜ、法学部以外でも法律を学ぶ必要があるのでしょうか。まず、今の社会にはあらゆるところに法律が関わっており、どこに就職したとしても**就職先の事業活動は様々な法律に規制されています**。その違反は場合によっては個人で刑事罰を負うことすらあります。特に日本では、大企業であっても法律の専門部署が無い場合もあるので、みなさんが法学部を卒業していなかったとしても、いつか**法律を扱う部署に配属される可能性は十分にあります**。他の部署の一般の従業員であっても、最小限の法律の知識が無いとトラブルに巻き込まれる恐れがあります。

　また、日常生活でも、**法律はあらゆる人間関係や経済活動などに関わっています**。例えば、日本には様々な消費者を保護する法律があり、知識があれば、悪徳商法に騙されたときに助かる可能性が上がります。

2　本書で扱う範囲

　もちろん法律の知識は本書のような小型の本一冊で網羅できるものではなく、最終的には専門家に相談が必要です。しかし、それでも、非専門家である個人が法律の基礎知識を学ぶことに意味はあります。

　私たちは、多くの病気がウイルスや細菌が体内に入ることで起きることを知っており、小まめに手を洗うことでそれを予防できることを知っています。私たちはそのことを小学生のころから何度も聞いているので、意識しませんが、これは実は医学的知識です。中世には肉眼では見えないウイルスや細菌は発見されておらず、医学の発展によって発見されたものです。しかし、このような知識は専門家たる医師だけでなく、一般市民を含めた全員が知って初めて意味を持つ知識です。

　同様に、法律についても、**あらかじめ知っておくとトラブルの予防になるような知識**は沢山あります。本書で扱うのはそのような知識です。

　逆に、実際に病気になった場合には直ちに病院の診察を受けるべきであるように、**トラブルが生じた場合はすみやかに専門家に相談すべき**です。現に何かトラブルに遭っている場合は、本書や他の書籍で一から学習するのではなく、例えば市役所では定期的に無料法律相談が開かれているので、そのような場所で早期に相談することをお勧めします。

3　本書の注意点

　本書の性質上、**専門用語はなるべく使わず、日常用語に言い換えられるところは極力言い換えています**。しかし、専門用語は決して意味なく使われているものではなく、厳密に定義されているものですから、**日常用語に言い換えた時点で正確性が失われています**。本書は、分かりやすさのために敢えて正確性は犠牲にしていますので、本書に書かれたことをそのまま議論の根拠にしたり、法律相談の代わりにしたりしないように注意してください。

　例えば、「市役所では定期的に無料法律相談が開かれている」という
先ほどの一文について、「市役所」の部分を論理的に厳密にしようとす
れば、町村役場や区役所で無料法律相談が開かれる場合もあるのです
から「市役所、町村役場及び区役所（一部を除く）」といった形で書か
なければなりません。しかし、そう書くと読みにくくなりますし、文
脈からして町村役場や区役所を除く意味でないことは十分に理解でき
るはずですので、「市役所」と記載しています。実際、日常会話で「A、
B及びC」などと表現する人は、ほとんどいないと思われます。本書
の他の個所についても同様ですので、本書については過度に深読みす
ることなく理解してください。

4　法律学への様々なアプローチ

　なお、法律学には様々なアプローチがあり、特に大きな要素を占め
るのが**法解釈学**です。これは具体的な法律や規則を前提に、その文言
がどういう意味を持つかを解釈する学問です。例としては「犬は公園
に立ち入り禁止」という法律や規則があったときに「犬」の意味をど
のように解釈すれば、妥当なルールが導けるかを検討するようなもの
です。一見すると疑義が無いように見えますが、例えば、猫、狼、介
助犬、ロボット犬などを公園に入れることができるかを検討すると、
必ずしも明確でないことが分かります。

　法解釈学以外にも、法律の歴史を研究する学問（法制史）、法律と社
会の関係を検討する学問（法社会学）、心理学を用いて法律を検討する
学問（法心理学）、経済学を用いて法律を検討する学問（法と経済学）、
法や正義について哲学的検討を行う学問（法哲学）などがあります。

　しかしながら、いずれのアプローチについても本書で詳しく述べる
には全く紙幅が足りません。本書では、法解釈学の結果を前提に、日
本ではどのような法律があって、どのように適用されているか中心に
解説していきます。

第2章
法 律 の 体 系

　本章では法律の体系などを説明します。これは、どうしても抽象的な説明になってしまう点であるので、非常にわかりにくい内容であると思います。よく分からないと思ったら、一旦、理解は置いておいて次の章に進むくらいの気持ちで読んでください。法律全般に関係する専門用語で、今後の説明で避けられないものの意味などは、ここで予め説明しておきます。

1　法律の意味

　「法律」という用語は、非常に多義的なものになっています。「法律違反」だとか、「法律を守ってください」といった表現の「法律」が何を指しているかは、文脈ごとにかなり違います。

　もっとも厳密な（せまい）意味では、国会で制定されたルールを意味します。この場合、具体的な「民法」や「XX に関する法律」といったタイトルの条文形式の文書が「法律」です。

　「法律」が国会で制定したルールを指すのではなく、やや広く国の定めた強制力のあるルールの意味で使われることもあります。さらに広い意味では、社会のルールという意味で使われることもあります。例えば宗教上の戒律や業界団体のルールなどです。この広い意味の法律では、別にそれ違反したからといって、必ず処罰があることにはなりません。もっとも、この意味では、強制力がないことを強調するためにソフト・ロー（やわらかい法律）といった別の単語を使用することが多いです。

　なお、宗教と法律は、日本の法律では厳密に分けて考えるべきですが、大元では強いつながりを持っています。宗教団体と国家が強い結びつきを持っている国では、宗教法として、宗教上のルールが直接に法律になる場合もあります。そうでない国でも、法律が宗教の影響を受けていることは否定できません。例えば、結婚は、民法上の行為ですが、結婚のあり方は、かなり宗教に影響されます。日本では結婚は二人で行い、三人以上の結婚は重婚として法律で禁止されています。しかし、これは自然現象ではありません。世界的に見れば、配偶者（特に妻）が二人以上いることを認めている国も存在するわけです。例えばイスラム教徒が多数派の国では、宗教上も、法律上も、妻は、二人以上いても問題ないとする国もあります。

2　強制力のあるルールとしての法律

　多くの場合、「法律」の言葉が敢えて使われるのは、国による強制力のあるルールを指す場合です。本書のタイトル「くらしとビジネスの法律」の「法律」もこの意味です。

　しかし、国による強制力のあるルールでも、実は全部が法令集や六法全書に書いてあるかというと必ずしもそうではありません。**慣習法**といって、みんなが守ってることは一種の法律とする場合もあります（ただし日本では例外的です）。あるいは過去の裁判の積み重ねで、一定のルールがある場合は、それは強制できるという考えを取る国もあります（**判例法国**、典型的にはイギリスです）。日本でも**裁判例**は、ルールの形成に一定の影響があります。

　また、「法律」が成文法を指す場合もあります。成文法は具体的な文書に落とし込まれた国のルールという意味です。成文法には狭い意味の「法律」以外にも、憲法、政令、規則、省令などが存在します。これを狭い意味の「法律」と区別するために「法令」と呼ぶこともあります。

3 道徳と法律の区別

　法律と道徳は、無関係ではありませんが、区別する必要があります。例えば、ウソをつくことは道徳に反しますが、それだけでは法律違反ではありません。ウソを使って財産を騙し取ったら詐欺として違法です。裁判所に証人として呼ばれ、宣誓の上でした証言でウソをついたら偽証として違法です。しかし、そういった特別な事情が無い場合において、ウソそのものを違法とする法律はありません。他方で、法律上義務付けられた行政に対する届出を怠るなど、違法であるけれども、一般的には道徳に反するとまでは評価されないものもあります。

4 法律の体系（上下）

　成文法としての意味の「法律」には、憲法、法律、政令、規則、省令などがあると説明しましたが、これには上下関係があり、憲法は法律より優位であり、憲法に反する法律は無効となります。他の法令にも上下関係があります。

5 法律の分類

　法律を分類する方法は多数あります。これは学術的に分析するために特徴で法律を切り分けたものです。
　形式に着目した分類としては、次のようなものがあります。
　文書の形（成文）によるか慣習などによるかの区別により、**成文法**と**不文法**（又は**慣習法**）に分けられます。また、一般的に適用される法律か、特別な場合（特定の業界など）にのみ適用される法律かの区別により、**一般法**と**特別法**に分けられます。さらに、自分と相手の合意に関わらず、強行的に適用される法律か、合意したら適用されない（適用が任意な）法律かにより、**強行法規**と**任意法規**に分けられます。

　また、内容により、私法と公法、民事法と刑事法、実体法と手続法といった形で分類されることがあります。

　私法は個人や会社などの私人と他の私人の間のルールです。**公法**は、私人と国や地方自治体などの行政機関との間のルールです。私法はヨコのつながりに対して公法はタテのつながりとイメージされます。**民事法**は、私法とほぼ同じ意味で、私人と私人の間のルールですが、**刑事法**は国による刑罰に関するルールです。刑事裁判と民事裁判では適用される法律が大きく違うので区別しておく必要があります。**実体法**は、実体としての権利と義務を示すのに対して、それを実現する手続きを定めているのが、**手続法**となります。裁判のやり方が手続法であり、裁判所の判断の基準となるのが実体法と考えることもできます。

　なお、これらの分類は、それぞれ別の基準で行われているものですので重複します。例えば「民法」というタイトルの法律（明治二十九年法律第八十九号）は、成文法、一般法、（概ね）任意法規、私法、民事法、かつ、実体法です。

6　法律の役割

　法律の役割は、シニカルな見方をすれば、権力者による統治の道具と考えることもできますが、現在では「**法の支配**」という概念が重視されています。これはイギリスで発達してきた「国王といえども**法律に従わなければならない**」という考えであり、法律は権力者も縛る役割があるという考えです。

　視点を変えて、国によって強制されるルール（即ち法律）が無い社会を考えると、そこでは、約束を相手に守らせることができるのは、自ら力があるものだけであり、弱肉強食の"無法"地帯となることは明らかです。それでは社会全体が困るので、裁判して国の力で解決してくださいというのが、法律の実際的な役割です。

7 近代私法の基本原理

　なお、近代社会（中世・近世の封建的旧体制と対置される現代につながる社会）の私法には、一般に、次のような基本原理があるとされています。

(1) 権利能力平等の原則

　一つ目の原則は、**権利能力平等の原則**です。これは、全ての個人が平等に権利主体として扱われるという原則です。やや抽象的な表現ですが、これは要するに**奴隷制を否定**しています。つまり、昔の封建社会には貴族や奴隷などの身分があり、同じ人間でも法的に異なる扱いを受けていました。自ら商売ができるというのは一種の特権であり、逆に奴隷は「一人いくら」で売買される対象でした。しかし、近代に入って個人は全員平等となり、誰もが売買の対象ではなく、全員が自ら自由に他人と契約をできるというのが大前提になりました。

(2) 私的自治、契約自由の原則

　次に、**私的自治、契約自由の原則**があります。これも、個人が、私法上の法律関係を自己の意思で自由にできる原則、特に契約に関して、契約するかしないか、誰を相手とするか、いかなる内容で契約するかについて、当事者間で自由に定めることができるという原則です。これも封建社会にあった**ギルド（閉鎖的同業者組合）の否定**です。日本でもヨーロッパでも、封建社会では商売には"お殿様のお許し"が必要であって、その許可を得ているギルドに入り、ギルドの定める条件に従って商売を行う必要があったとされています。職業は一種の身分だったわけです。しかし、歴史の中で、それは社会全体の利益にならず、あるべき社会でもないということで、ギルドが廃止されて、現在は誰でも原則として自由に契約できるようになりました。現在でも、医師や建築士などのように、素人が行っては危険・有害な職業は免許

制度がありますが、これらもギルドではなく、あくまでも個人の能力に着目した最小限の規制であるから許されているにすぎません。

(3)　私有財産制・所有権絶対の原則

　個人が物を支配する権利（所有権）は不可侵のものとして尊重され、国家権力によっても侵害されないという原則を**所有権絶対の原則**といい、その社会を**私有財産制**といいます。これも昔の封建社会の否定です。昔は、市民の財産（特に土地）は全て"お殿様"の物であり、個人の所有物という扱いではありませんでした。したがって、もし土地を召し上げると言われたら文句を言わず土地を渡さなければなりませんでした。しかし、これも歴史の中で否定され、個人は"自分のもの"に対する権利を持っていて、国や権力者が取り上げることは原則として禁止されました。これについても、現在でも、みんなが使う道路を通すためなどに行政が強制的に土地を取り上げることができるようになっていますが、正当な目的と補償が存在する場合に、例外的に認められているにすぎません。

(4)　過失責任の原則

　ある人が、他人に賠償責任を負うのは、原則として、自分自身にわざと（故意）かミス（過失）といった原因がある場合に限られるとするのが、**過失責任の原則**です。これも昔の社会における**結果責任・連帯責任**の否定となります。昔の制度では、連座といって、ある個人の罪について一族や地域全体で責任を負うことがありました。しかし、自分のせいでないことについても結果が悪ければ責任を取らされるとなると、現代的なビジネスも生活も成り立ちませんので、歴史の中で、このような原則が確立しました。

第3章

裁　判　制　度

　法律は、物理法則のように勝手に実現するものではなく、守らせるには人の手が必要になります。熟したリンゴは、物理法則である重力に従って、勝手に地面に落ちていきます。しかし、「借りたものは返さなければならない」というルールを定めても、他人に貸したお金が勝手に自分の財布に戻ってくるということは生じません。ルールを実現させるための手続きが必要です。また、罪を犯した人についても、天が勝手に罰してはくれません。犯罪を実行した疑いのある人を見つけて吟味し、犯人で間違いないとなれば、これを罰する手続きが必要となります。これらの手続きが、典型的には「裁判」となります。

1　自力救済の禁止

　争いがあることについて、自分の力（暴力）で権利を実現すること（**自力救済**）は、極めて例外的な場合を除き、認められていません。

　なぜなら、一旦、自力救済を認めてしまうと、通常は相手にも相手の言い分があるので、相手も同じことをする可能性があります。お互いが自分の力で権利を実現すれば、永久に報復が連鎖することになります。また、この解決方法は、自らが力を持つ者が有利であり、自らが力を持たない者は、力を持つ者の横暴を受け入れるか、他の力を持つ者（典型的には暴力団）の助力を得ることになります。行きつく先は無秩序な暴力が支配する社会の到来となります。そのために、極めて稀な例外を除き、国家は自力救済を禁止しています。

2　民事裁判と刑事裁判

　裁判は、国家が法律に従って紛争（あらそい）を解決する仕組みであり、大きく分けて民事裁判と刑事裁判に分かれます。

　刑事裁判は、犯罪の疑いがある場合に、警察などの捜査の後、検察官が起訴の手続きをとることにより開始されます。裁判所は、刑事裁判の審理において、証拠に照らして有罪か無罪か、有罪の場合どの程度の刑を科すべきかの判断を行います。刑事裁判では被告人の人権に配慮しながら審理を行うために様々な手続きが憲法と法律で定められています。

　民事裁判は、金銭の貸し借りや交通事故の損害賠償などの民事上の紛争について解決するために行われます。裁判所は、訴えた人（**原告**）と訴えられた人（**被告**）の双方から言い分を聞き、証拠の提出を受けて、権利・義務の有無を判断（**判決**）します。なお、民事裁判は多くの場合はお金の問題ですから、話し合いを経て、**和解**の形で解決を図ることもあります。裁判所で相手にお金の支払いを命じる判決が下された後、それでも相手がお金の支払いをしない場合は、**強制執行**を申し立てて、裁判所の執行官によって相手が持っている財産を回収してもらうことができます。

　遺産相続の問題など家族間に特有の問題は、まず関係する家族の話し合いの場を設けることが適当であり、かつ、家庭内の特別な問題を含む場合が多いため、特殊な形の民事紛争として家庭裁判所が担当しています。

3　裁判所

　裁判を開く役所のことを裁判所と言います。日本では、最高裁判所、高等裁判所、地方裁判所、簡易裁判所、家庭裁判所に分かれています。**最高裁判所**は日本に一つしかなく、その下に 8 つの**高等裁判所**があり、

高等裁判所の下に各地の**地方裁判所**、**家庭裁判所**があるピラミッド構造になっています。**簡易裁判所**は設置されている数が一番多い、小型事件（少額の民事裁判や軽い罪の刑事裁判など）専門の裁判所です。

　裁判は原則として誰でも傍聴できます。一部の手続きは非公開とされていますが、公開されている手続きは、予約なども必要なく、法廷に入って傍聴席に座ればそのまま見ることができます。例外的に有名人の裁判などで席が足りなくなった場合は抽選になります。

4　民事調停

　裁判以外にも、裁判所を利用した手続きは複数あります。**民事調停制度**はその一つであり、民事上の紛争を互譲（ゆずりあい）による解決を目指す手続きです。民事調停は、正式な裁判と比べて手続きが簡単であり、申立ての費用も正式裁判より安く設定されています。

　調停の場では、裁判官（又は民事調停官）及び2名の調停委員からなる調停委員会が、中立的立場から両方の話を聞き、話し合いにより妥当な解決策を探ります。裁判の場合はお互いが解決に合意できなければ判決により裁判所が強制的に結論を決めることができますが、調停の場合は、最終的にはお互いの合意が必要となります。

5　破産・その他倒産手続き

　ある人が複数の人から多額の借金をしており、その借金が全く返せない状況などでは、各人が個別に民事裁判を起こして借金の回収を図るのは非効率的であり、また、早いもの勝ちになって公平性を欠きます。そこで、法律は、いわゆる「首が回らなくなった」状態のために、破産などの倒産・債務整理手続きを用意しています。

　破産の手続きでは、破産した人の財産は裁判所の管理下に置かれ、裁判所が選任した管財人が財産を調査及び回収し、裁判所が最終的な

返済について決定します。破産については、もともとは、お金を貸した人から申立てするものでした。しかし、実際には、お金を返せなくなった人が自分で弁護士に依頼して申立てすることが圧倒的に多いです（これを**自己破産**と呼びます）。これは、自己破産すれば、財産の清算が終わった後に、裁判所の決定によって原則として債務の**免責**を受けられるためです（俗にいう「借金がチャラ」になるわけです）。

また、破産の手続きに似た制度として**民事再生**など、財産と借金を全て裁判所の監督下におき、全額ではないものの借金の減額を受けて、生活を再建する手続きも存在します（個人の場合は住宅ローンが残っている自宅を残すためなどに利用されます）。会社だけが利用できる類似の手続きとして**会社更生**があります。

これらの手段を利用できる場合もあるので、借金問題については、早期に弁護士に相談することが重要です（わかりやすくするために借金としましたが、借金以外の支払いで窮している場合も同様です）。

6　時　効

裁判上の請求は、いつまででもできるものではなく、権利が発生しているのに長期間に渡って放置した場合は、裁判によっても権利を請求できなくなることがあります。これを時効といいます。典型的には、借金について本来の支払い期限から５年間のあいだに全く返さず、その間、裁判なども無かった場合は、全く返さなくて良くなります（法改正や特別法などにより時効の期間は権利の種類ごとに異なるので、具体的な事案では弁護士に相談するのが重要です）。この効果を**時効**と言います。

したがって、借金を返してもらいたい場合は、貸した人は、早期に裁判等の法的手続きをとる必要があります。

刑事裁判についても、同様の発想で時効制度があり、一定の重大犯罪を除き、一定の期間が経過した後は、刑事裁判を開始できなくなり

ます。結果として、時効期間が経過した事件については、仮に真犯人が明らかになっても処罰を免れることになります。やや古い刑事ドラマや推理小説で出てくる時効は、このことであり、**公訴時効**と呼びます。なお、2010年の法改正により、殺人罪などが時効の対象から外されたため、最近のドラマでは取り扱いがしにくくなりました。

第4章
契 約 の 基 礎

　本章では、契約について説明します。私たちの生活は今やほとんど
が契約によって成り立っています。自給自足の生活を送っていない限
り、日々の食材や生活用品はどこかから売買契約で手に入れたもので
あり、その他の生活を取り囲むあらゆるものにも契約が関与していま
す。そのため、契約の意味や効果を理解することは社会生活を営む上
で非常に重要です。

1　契約の意味

　契約は、「合意」や「約束」とほぼ同じ意味を持ちますが、法律上の
強制力がある約束というニュアンスを伴っています。なお、類義語と
して「取引」がありますが、これは物品やお金の実際の行き来という
事実のニュアンスを含んでいます。締結される契約の多くは売買など
有償（対価性がある）ものですが、贈与などの無償（対価性がない）
の契約も存在します。一般的に契約には、**拘束力**、**強制力**、**責任**の三
つの効力があります。また、契約は一般的に**意思表示**のとき（契約締
結するという考えを表に出したとき）に確定します。ただし、これら
には色々と例外（ex. 強制力の無い契約）はあります。

2　契約の種類

　日本の民法上は、**13種類の典型契約**（贈与・売買・交換・消費貸借・
使用貸借・賃貸借・雇用・請負・委任・寄託・組合・終身定期金・和

解）が定められています。しかし、契約の形式と内容はこれらに限られず、自由に定めることができます（契約自由の原則）。典型契約に該当しないものを非典型契約と言います。ただし、多くの契約は典型契約のバリエーションと理解できるため、新しい契約を作る際も典型契約を変形させたり、組み合わせたりすることが多いです。なお、本章では、一番直感的に分かりやすい売買契約を事例として取り上げますが、売買契約に適用されるルールの多くは、他の契約にも適用されます。

3　契約の成立条件

　契約は**申込み**と**承諾**によって成立します。言い換えれば、**意思表示の合致**があった場合に契約が成立し、具体的な物や書面は、契約の成立に原則として必要ではありません。典型的な売買契約を例にとれば、洋菓子屋で、「このケーキを500円で買います」と言って「申込み」を行い、お店の人が「わかりました。売りましょう」と言って申込みを承諾すれば、契約が成立します。

　なお、申込みに似たものとして**申込みの誘引**があり、広告などが該当します。申込みの誘引は、あくまでも申込みを誘うものですので、それを承諾して契約を成立させることはできません。例えば、自宅の郵便ポストに「本日　ケーキ1個　500円」というチラシが入っていたとしても、その通りに洋菓子屋が契約を締結する義務は無いということになります。この場合、例えば売り切れの場合などに実際にお客に売れなかったとしても、契約違反とはなりません。

　また、ケーキを実際に渡すことは契約の成立とは無関係であり、それは契約成立後の**履行**の問題になります。明日のケーキを予約することができるように、物がまだ実際に無くても契約は成立します。

　申込みと承諾は、いずれも意思表示ですので、**意思の要素**が必要となります。売買契約では目的物と価格が意思の要素となります。「ケーキを500円で買いたい」の場合は「ケーキ」が目的物、「500円」が価格

となります。

　なお、意思表示は、本人の代わりに、代理権を授与された他人が行うこともできます。代理権を授与された他人（**代理人**）は、顕名した上で代理行為（**代理での意思表示**）を行えば、契約を成立させることができます。

4　意思能力・行為能力

　契約は意思表示により行われるので、意思表示がうまくできない人についても契約に関するルールをそのままとすることには問題があります。

　例えば乳児や昏睡状態などで全く意思が無い人（**意思無能力者**）の場合には、契約を成立させることができません。仮に契約書を作って形だけ整えても無効となります。

　また、未成年者の場合は、意思はありますが、その能力に制限があります（**制限行為能力者**）。例えば、平均的な中学生が複雑な内容の契約書を読んで、その内容を正しく理解することは期待できません。その場合に、仮に自由に契約の締結を認めると、内容を理解せずに不利な契約を結んでしまう可能性が高いです。そのようなことを防ぐため、保護者が契約を取り消すことができ、また、常に保護者が代理人となって代わりに契約を締結できるようになっています。

　認知能力が衰えた高齢者なども、裁判所の認定を得れば、制限行為能力者となって、同様の保護を受けることができます（**成年後見制度**）。

5　意思表示の瑕疵

　また、詐欺などにより誘導された誤った意思表示をそのまま有効とすることも問題があります。そのため、冗談だった場合（**心裡留保**）、偽装だった場合（**虚偽表示**）、勘違いだった場合（**錯誤**）、騙された場

合（詐欺）、脅された場合（強迫）について、一定の要件のもと、契約を無かったこと（無効・取消し）にすることができることになっています。その詳しい要件については、意思表示をした側の過失の有無などにより異なっていますが、専門的になるので本書では詳しく解説しません。

6 期限と条件

契約には期限と条件を付けることができます。期限は必ず来るものであり、条件は来るかどうか分からないものを言います。例えば、「来月10日になったらケーキを買う」の「来月10日」は、必ずやってくるので期限であり、来月10日になったときにケーキを買う義務が発生します。それに対して、「阪神球団が今年優勝したら、その日にケーキを買う」の「阪神球団が今年優勝したら」は、優勝するかどうか分かりませんので条件です。この場合、阪神球団が優勝したらケーキを買う義務があり、優勝しなかったら、ケーキを買う義務はありません。

7 契約の履行

契約を結んだ場合、その**履行**（約束を果たす）をする必要があります。典型的には履行は「弁済」であり、ケーキを買った人は「ケーキの代金として500円を払う」ことが、弁済になります。他方、洋菓子屋は「ケーキを渡す」必要があります。代金とケーキは原則としては同時に引換えること（**同時履行**）になりますが、片方が先払いを約束した場合などには異なります。

契約を履行してくれない場合は、裁判所を通じて、履行を強制することができます。裁判所に対して求められる手段には、**直接強制**（裁判所が強制的に取り上げて渡す）、**代替執行**（代わりに義務を果たして代金を請求する）、**間接強制**（相手が履行するまでお金を支払わせる）

があります。どの手段が適当かは契約の内容によりますが、原則は直接強制です。

　また、契約を履行してくれない場合、契約を解除したり、生じた損害の賠償を請求したりできることが一般的です。

8　契約不適合責任

　契約法の発展の中で、特定物（家、美術品などの１点もの）を念頭に瑕疵担保責任という概念が生まれました。世界で一つしかない商品を買ったときに、後からその商品がキズ物（瑕疵がある）と判明しても、その商品を渡すという義務は果たしているので、形式的には契約違反と言い難いです。その場合にもキズの責任を問えるようにしたのが瑕疵担保責任です。その後、対象が広がり、現在は、商品の品質などが契約目的に不適合である場合には、商品を買った人は、一定の要件のもと、追完請求権、代金減額請求権、損害賠償請求権、解除権を持ちます。名称も契約不適合責任に変化しました。

9　危険負担

　例えば、商品が引渡し前に火災で焼失した場合、その商品を買った人は、原則として反対債務の履行（代金支払）を拒絶できます。ただし、拒絶できるかどうかは契約により変更できます。これはリスク（危険）を買った人と売った人のどちらが負担するという問題なので、危険負担と呼ばれます。

第5章

契　約　書

　前章で、契約が成立する要件は原則として申込みと承諾だけであり、文書は必要ないと解説しました。しかし、他方で文書は現実には非常に重要な地位を占めています。契約書の扱いを間違えると大変なことになるので、ここで一章を使って解説します。

1　契約 ≠ 契約書

　契約と契約書はしばしば混同されて、同じものとみなされがちです。しかし、契約は、概念（頭の中のもの）であり、契約書は、実体です。

　契約は口頭でも成立しますが、口頭で成立した場合、あとはお互いの記憶に残るだけであり、直接見たり触ったりはできません。他方、契約書は、紙という目で見える形で存在します。

　したがって、この二つは全く異なる次元のものであり、法的には契約があっても契約書がない場合や、契約書があっても契約がない場合があります。そのため、契約書の有無と契約の有無を直結させるのは誤りです。

2　契約書の重要性

　他方、実際に法的な問題が生じるのは、契約の有無や内容について争いが生じたときです。そのため、口頭による合意では、しばしば「言った」「言わない」の水掛け論となります。

　このような場合、契約書がないことにより、合意の証明が難しくな

り、不利な事態に陥ることがあります。そのため、実際には、合意内容は、なるべく契約書の形にして文書として保管しておく必要があります。

3　文書の意味と種類

　法的には文書は文字等を用いて思想等を目に見える形で表現している有形物です。文書にはいくつか種類があり、**原本**は、元の文書そのもの、**謄本**は文書の全部の写し、**抄本**は文書の一部の写しとなります。発行者から同一であると認証された謄本（**認証謄本**）は、原本と同じ効力を持ちます。

　例えば、家族関係を証明するために銀行などから戸籍謄本の提出を求められることがあります。**戸籍謄本**は、戸籍の写しという意味になります。戸籍とは市役所で保管されている家族関係を一覧にした冊子ですが、戸籍そのものを市役所から持ち出すことはできません（厳密に言えば最近は電子化により元より紙として存在しません）。そのため、市役所がその写しを、その写しが戸籍の原本と記載内容が全く同一であるということを証明付きで発行して、その写しが原本そのものの代わりとして家族関係を証明してくれるという形になっています。

　なお、単に原本をコピー機でコピーしたものも厳密には謄本・写しの一種ですが、この場合、原本と同一であるという発行体の証明が無いので、証明力が弱いです。そのため敢えて謄本・写しと表現するときは、かかる証明がついた正式な文書のことであることが多いです。

4　契約書が必要となる状況

　既に述べた通り、契約書は**重要な証拠**としての意味があります。また、**備忘**のためにも作成されます。特に会社などでは職員が全員入れ替わったとしても、会社として締結した契約は守る必要があります。

そのときに口頭の約束では、全てを引き継ぐことは事実上不可能です。また、いくつかの契約では、法律上、文書の形での契約書が必要とされることがあります（**要式行為**）。例えば借金の保証人になる契約では、安易に保証をしないように、文書が法律上要求されています。

5 電子文書

　電子メールやドキュメントファイルのようなコンピュータやスマートフォン上に保管され、ディスプレイに表示される情報は、有形物とは言い難く、伝統的な文書の定義からは外れます。しかし、これらのデータも、保存ができ、画面上に表示させて視認できるという点で文書と似通っています。そこで、**電子文書**として、原則として文書と同じように扱われます。電子メールやSNS上のメッセージも、法的な証拠となります。

6 契約書の形式と内容について

　契約書の形式は自由であり、契約の内容が分かれば原則としてどのような書き方でも有効です。形式はしっかりしているが内容は意味不明な文書より、形式は拙いが内容は明確な文書の方が望ましいです。例えば、チラシの裏に全てひらがなで契約書の内容を書いたとしても、その内容が理解できる形で書かれていれば契約書として通用します。

　実際のビジネスの場面では一定の格式が求められますが、これは法律上定められているからではなく、信用性に影響するためです。作成の経緯を考慮に入れてもあまりに不自然な形式の契約書は、それが本物かを疑わせますので、一定の格式に従うのが無難です。

　また、契約書の内容とタイトルが異なる場合、内容の方が優先されます。ただし、これも誤解を招かないよう、なるべくタイトルと内容は一致させるべきです。

　一定の契約書には作成にあたって印紙税という税金がかかります。この場合、**印紙**という郵便切手に似た紙を郵便局などで購入し、契約締結時に契約書に貼り付ける必要があります。

7　署名・押印

　契約が本人の意思によるものであることを示すために契約書には通常、署名又は記名押印をする箇所があります。**署名**とは自分の名前を手書きすることであり、**記名押印**は自分の名前を（方法を問わず）記載し、自分の印鑑（ハンコ）を押すことを意味します。署名と記名押印は法的には同じ効果を持ちます。署名か記名押印があると**文書成立の真正が推定される**という非常に強力な法的効果があります。法学部でも最後の方に扱うかなり専門的な話になりますが、これは単純に言えば後から「本当の契約は契約書の内容と違う」と言うのが困難になるという効果です。そのため、契約書を読まずに署名したり、印鑑を押したりすることは大きなトラブルの原因となります。

　印鑑には、実印と認印の区別があります。実印は、市役所に自らのものであると登録した印鑑であり、市役所はこの印鑑が誰のものであるかについて、印鑑証明書を発行してくれます。相手の実印を押した契約書と相手の印鑑証明書とを保管しておけば、契約書にハンコを押したのが誰かについて、証明が簡単になります。そのため、不動産の取引など、高額な取引にはしばしば実印が要求されます。他方、**認印**は実印でない印鑑を指し、これについてはトラブルになったときに自力で印鑑と押した人との関係を証明することになります。

　実印と認印の違いは登録の有無ですので、100円ショップで購入した量産品の印鑑であっても実印とすることは、法律上は可能です。しかし、そのような印鑑は他人も同種のものを持っていて悪用されるリスクがあります。そのため、一般的には、実印用印鑑として販売されている手掘りの高級品の印鑑が利用されています。成人のお祝いとして、

実印用印鑑、銀行印用印鑑、認印用印鑑の三点セットが売られていますが、それはこのような仕組みが前提となっています。なお、銀行印は銀行口座を利用するための印鑑として、認印用印鑑と実印用印鑑の中間のサイズで一般に販売されていますが、法的には銀行に専用の印鑑を届出する必要があるわけではありません。そのため、これは慣習的な使い分けにすぎません。ただし、印鑑を使いまわしすぎると盗用されるリスクは高まりますので全く無意味な習慣というわけではありません。

8　印影の区別

　印影（紙に残るハンコの跡）についても、その意味に応じて、区別があり、記名押印のための印影以外にも、使い方に応じて、契印・割印・訂正印・捨印・止印・消印などがあります。

　契印はページをまたがって押してページの差替えを防ぐための印であり、**割印**は、2部以上の契約書についてまたがって押し、その契約書がそれぞれ本物であることを示すための印です（ただし、契印と割印はしばしば逆の意味でも使われます）。

　訂正印は書類の一部を訂正したときに、後から片方に無断で訂正したものではないことを示すために、訂正箇所に押す印鑑です。**捨印**は、相手方に訂正を予め許す場合に、欄外に押しておく印鑑であり、訂正した場合は欄外にその内容を記載します（訂正印をあらかじめ押しておくことに近いです）。

　止印は文書の末尾に押して文書の終わりを示す印鑑です（最近はあまり用いられません）。

　消印は印紙などに押して、印紙が使用済みであることを示します。

9　契約書以外の文書

　契約書以外にも領収書、委任状、往復文書（手紙）、稟議書（内部文書）などの文書がビジネスでは用いられます。

　領収書はお金を受け取ったことを証明する書面であり、領収書がないと後から実際に支払ったことの立証が困難になります。**委任状**は、自分が他人に代理する権限を授与したこと示す書面であり、本人の代理人としての権限を証明するために用いられます。**往復文書**として、申込書や請求書など、さまざまな文書があり、相手への意思伝達や提案に使用されます。契約書が無い場合も、往復文書を組み合わせて契約を立証することができることがありますので、契約書と同様に重要な文書であると言えます。**稟議書**などの会社の内部で作成する文書も、会社の意思決定の過程を振り返るために重要な文書となります。

10　文書の保管

　文書は作って終わりではなく、契約や取引の記録としてある程度の期間は残し、将来のトラブルに備える必要があります。また、税金関係の文書など、法律上、一定期間の保管義務がある文書は、その定められた期間は保管する必要があります。保管義務が無い場合でも、通常はあるべき文書が無いのは裁判や交渉において不利となります。

　長期間に渡って引継げるのは文書だけであるため、契約の情報の引き継ぎは文書で行うべきであり、記憶だけでは情報が失われると考えた方がよいです。例えば、土地の借地権は数十年に及ぶこともよくありますので、土地を貸している間に世代が代わり、貸した人も借りた人も既に死亡してしまい、子孫の間で、貸した時にどういう約束になっていたか分からない状態になってしまうということも、しばしば生じます。そのようなときは、結局、契約書などの文書の記載が全てとなりますので、長期間の文書の保管が重要となってきます。

第6章

契約によらない法律関係

　本章では、契約によらない法律関係について説明します。今の社会では多くの法律関係が契約で処理されています。しかし、交通事故の被害者と加害者など、事故発生までは全くの他人で何ら契約が無い相手との法律関係もあるため、それらの特徴を知っておくことが必要です。

1　契約以外の法律関係

　面識が全くなく、当然ながら契約関係も無い人との関係でも法律上の問題はおきます。交通事故や犯罪被害などがその典型です。このような場合、被害を受けた人が被害の回復を誰に対して請求できるかが問題となり、被害を金銭で請求する場合の妥当な金額の計算方法なども考える必要があります。交通事故や犯罪被害などは法的には不法行為の問題と扱われます。

　なお、不法行為以外にも、事務管理、不当利得、不法原因給付といった契約に依らない法律関係が存在しますが、一番よく問題となるのは不法行為ですので、不法行為を中心に扱います。

2　不法行為の成立要件

　ある行為が、不法行為となるには5つの要件（①被害者への損害発生、②加害者の故意／過失、③行為と損害の因果関係、④行為の違法性（権利侵害）、⑤加害者の責任能力）を満たす必要があります。

(1) 被害者への損害発生

　まず被害者に損害が発生する必要があります。例えば、ある人が運転する車が歩道にいる歩行者を轢いてしまったという交通事故なら、歩行者が被害者となります。自動車に轢かれた被害者はケガをしますので、被害者には、ケガの治療費などの**財産的損害**と精神的苦痛などの**非財産的損害**が生じます。財産的損害は、治療費のように積極的に被害者が支払うことになった損害（**積極損害**）と、治療のために仕事を休んだことで減ってしまった給与など、事故が無ければもらえるはずだった利益に対する消極的な損害（**消極損害**）の両方を含みます。

　なお、仮に歩行者がスーパーヒーローのように頑丈で奇跡的にかすり傷ひとつ負わず、恐怖も感じなかったら、損害が全くありませんので不法行為は理論的に不成立となります。

(2) 故意・過失

　加害者に、**故意**又は**過失**があることが次の要件となります。故意と過失は専門用語であり、微妙な場合は専門家でも有無の判断が難しいのですが、単純に言えば故意とは「わざと」であり、過失とは「うっかり」や「ミス」です。加害者が十分に注意したのに被害を避けられなかった場合、不法行為は成立しません。例えば、自動車の運転手が、わざと歩行者を轢いたり、わき見運転をしていてうっかり歩行者を轢いたりした場合は、不法行為は成立しますが、十分注意していたのに歩行者が歩道橋から突然飛び降りて来てそのまま轢いてしまった場合、不法行為は成立しないと言えます。

　なお、「うっかり」をもう少し専門用語を用いて解説すると**予見可能性**と**結果回避義務**の問題となります。被害を注意すれば予見でき、被害を回避すべきなのに回避しなかったというのが過失の中核的要素です。全く予見できない被害や回避できない被害については責任を問うことができない（問うべきでない）というのが法律の基本的な立場です。このため**医療事故**や**公害問題**などでは、「薬の副作用を予測できた

のか」や「工場からの廃棄物が病気をもたらすことが予測できたのか」などについて裁判において難しい争いになることがあります。

⑶ 因果関係

　その次に、行為と損害との間に**因果関係**があることが要件となります。因果関係は、ある原因によって、その結果が生じたという関係のことを言います。これには**条件関係**が必要となります。「あれなければ、これなし」いう言い方をすることもあります。要するに、ある行為がなかったら結果は起きなかったという関係が必要です。例えば、「わき見運転をしなければ、交通事故により歩行者が死亡しなかった」と言える場合、「わき見運転」と「歩行者の死亡」には因果関係があると言えます。

　もっとも、条件関係だけで判断すると、例えば、「わき見運転をしたところ、歩行者に軽くぶつかってしまった。念のため歩行者を病院に連れて行ったら、偶然にその病院で起きた爆破テロに巻き込まれて、歩行者が死亡してしまった」という場合でも、「わき見運転してなかったら歩行者は病院にいかなかったのだから、爆破テロで死亡することは無かった」という形で条件関係は成立してしまいます。そこで、因果関係は、事案の性質に応じて、相当な範囲に限られると考えられています。

⑷ 行為の違法性（権利侵害）

　行為が**違法**であることが必要となります。違法とは、**誰かの権利又は法律上保護される利益を侵害すること**とも言い換えられます。自分の身体、生命、財産は典型的な自分の権利ですので、これらを侵害されれば原則として違法となります。他方、誰の権利又は法律上保護される利益も侵害しなければ、それがある人にとって不快な行為であっても違法ではありません。例えば、交通事故で身体を怪我すれば、身体の権利が明確に侵害されていると言えます。他方、例えば、ある人

が自宅の庭でBBQを始めて、隣人がその臭いを不快に思ったとしても、「BBQの臭いをかがない権利」は無いので、権利侵害は存在しません。なお、「非常識に巨大なBBQグリルを用意して隣人を煤煙で病気にした」と言った極端な場合は身体の権利を侵害しているので要件を満たしますが、ここでは原則を理解してください。また、社会の変化により新しい権利が生まれることもありますので、今は権利が無いからといって将来も権利が無いとは限りません。

　しかしながら、刑式的に権利の侵害があっても**正当防衛**や**緊急避難**といった**違法性阻却事由**（違法とはならない理由）があれば違法ではありません。例えば、人からナイフで襲われそうになったので、身を守るためにナイフを奪って首を絞めて気絶させたとします。このとき、襲撃した人の身体の権利は侵害されています。しかし、自分の生命・身体の権利を侵害から守るためにやむを得ない範囲で相手の身体の権利を侵害しているにすぎませんから、全体としては釣り合いが取れているので、襲撃をうけた人の行為は違法とは言えないと考えられます。この例えの場合は、正当防衛となって行為は違法ではなくなります。

⑸　責任能力

　最後に、加害者の**責任能力**が必要となります。典型的には幼児が何かをしたとしても、幼児自身はその行為の結果を理解してやっているわけではありません。そのため、このような場合、幼児が何かをしてしまっても、責任能力が無いので、法律上の責任は無いと判断されます。なお、この場合でも、親が別途、幼児を放置して危険な事態を招いた責任を法律上負う場合がありますが、これは親による幼児を放置するという行為そのものが、不法行為となることがあるためにすぎません。

3　損害賠償の方法・基準

　不法行為が成立した場合、加害者は、その損害を賠償する（つぐなう）必要があります。

　まず、その方法は、**原則として金銭**に限られます。報道機関の誤報事件の場合などに、謝罪広告の掲載を命じられる場合もありますが、これは例外的で、全ての損害は、原則として全て金銭に換算して賠償されることになっています。

　また、賠償は損害の範囲に限られます（**填補賠償**）。言い換えれば、損害賠償を受けたことにより元の状態と比べてプラスマイナスゼロの状態としなければならないということです。なお、損害の金銭換算は裁判所の基準に基づき、また、裁判そのもののコストは原則として損害に含まれないので、気持ちとしてはプラスマイナスゼロとならない、むしろマイナスとなる場合も多いです。

　ちなみにアメリカ合衆国の裁判所には不法行為への制裁として損害より大きな賠償金を課す制度（**懲罰的損害賠償制度**）があり、特に大企業に対して極めて高額な賠償金を課すことがありますが、これは日本の裁判所では認められていません。

　賠償金額の算定の基準時は、原則として不法行為の時となります。

　なお、交差点での交通事故でよくあるように、お互いの不注意が重なって事故が起きた場合、双方に一定の過失があるので、片方に損害の全額を負担させるのは適切ではありません。そのため、一定割合で賠償の金額を減らすこと（**過失相殺**）が行われます。

4　特殊な不法行為

　不法行為については、要件の全てについて被害を主張する者が立証するのが原則です。しかし、被害者保護のため要件を緩める例がいくつかあります。

(1)　使用者責任

　従業員と会社は、法的には別人であるので、原則論的には、会社は従業員のしたことについて責任を負いません。しかし、従業員が会社のために働くなかで不法行為をした場合、日頃は従業員の働きで会社が利益を上げているのに、事故などの際には従業員だけが責任を負って会社が無責任というのは公平では無く、被害者が賠償を受けるのを困難にしますので、一定の要件のもと、会社も被害者に対して責任を負うようになっています。

(2)　製造物責任

　例えば、自動車が運転中に突然炎上して、運転手が大やけどを負ったとします。不法行為の原則論としては、運転手が自動車の製造会社の責任を追及するためには、要件の全てを運転手において立証する必要があります。しかし、自動車の製造中に製造会社の過失があったと立証するのは、一般人には困難です。そこで、客観的に欠陥があれば、具体的な過失の立証は不要とする、**製造物責任法**という法律が制定されています。なお、事故を起こしたわけでもないのに炎上する車は通常欠陥ありと多くの場合に判断されるでしょう。

　このような法律の効果によって、被害者は救済を受けやすくなりますし、また自動車会社は、欠陥が無いように企業努力を重ねることになるので、経済全体にも、望ましい結果が得られると考えられています。

(3)　公害問題

　公害問題についても同様の問題があります。鉱山や工場から排出される排水・排煙などに含まれる有害物質によって引き起こされる病気について、責任追及するためには、原則論としては特定の工場の過失と、その工場が排出した有害物質によりその病気が発症したという因果関係を立証する必要がありますが、このいずれも困難を極めます。

　まず特定の工場が特定の物質を排出していること自体は客観的に定

まるとしても、それが過失であると立証するのは高度な科学的知見が必要であり、かつ、排出時にはその有害性が不明であった場合もあり得ます。

また、病気との因果関係も、一定の病気になる原因は複数あり得るので、明確ではありません。被害者は有害物質を食品などを通じて長期に渡って摂取しているため、1回の摂取ごとに体調が悪くなっているわけではありません。毒入りの水を飲んで即死した場合のような単純な事例と同様な形では、因果関係は判断できません。そのため、公害問題については、特別法や判例によって、不法行為の要件や立証の程度が緩められています。

⑷ 運行供用者責任

自己のために自動車を運行の用に供する者（**運行供用者**）は、その自動車の運行によって、他人の生命又は身体を害したときは、これによって生じた損害を賠償する責任があることが特別法で定められています。運行供用者とは、自動車のオーナーとほぼ同じ意味です。自動車を友人に貸すなどしており、実際に事故を起こした運転手が他人の場合も、自動車を貸した人が責任を負うことになります。この法律があることにより、交通事故の被害者は、運転手だけでなく、自動車のオーナーにも責任を追及することができます。

さらに同じ法律によって、自動車を持っている人は**自動車賠償責任保険**（いわゆる強制保険）に入ることが義務付けられています。これにより、交通事故により身体・生命に被害を受けた被害者が誰からも全く賠償を受けられないことを防ぐことができます。

5 事務管理、不当利得、不法原因給付

不法行為以外で契約外の法律関係が生じる場合について、民法では次のような制度を設けています。

　義務が無く他人の事務を管理することを**事務管理**といい、この場合、事務管理を始めた者は一定の義務を負う代わりに、費用等の支払いを請求できます。典型的には、長期留守中の隣家が台風で屋根に穴が開いたので、直ぐに板でふさいであげた場合には、事務管理が成立します。この場合、ふさいであげた人は、ふさいでもらった人に、板などの代金を請求できます。

　また、法律上の原因無く得た利得を**不当利得**といい、原則として利得の返還義務が生じます。典型的には誤振込みで自分の口座に入金されたお金は不当利得になります。

　ただし、違法な目的で給付されたお金は、法律上の原因が無くとも**不法原因給付**となり、返還の義務は生じません。典型的には闇金業者からの借金が該当します。闇金業者からの借金は違法な契約として無効なので、闇金業者から借りたお金について法律上の原因はありません。しかし、それを返す義務は無いということになります。不当利得の原則に基づき返還を義務付ければ、返って違法行為をした者（この場合は闇金業者）を利することになるため、このように法律上定められています。

第7章

消費者の保護

　現在は身分制度が廃止されていますので、人間は全員が平等な存在であるということが法律の大前提となっています。他方で、実際には人間は多様です。特に経済活動に関しては、お金持ちは有利な立場、貧乏な人は不利な立場にあり、その差は簡単にくつがえすことはできません。前章の後半で特殊な不法行為に触れましたが、一部の不法行為について特別扱いが生じたのは、原則のままでは、一般の被害者の救済が困難だからです。同様に契約についても、原則から外れて、一般人向けに一定の保護が必要となります。

1　消費者契約法・割賦販売法・特定商取引法

　企業側に比べて情報や交渉力について不利な一般人（消費者）が、日常生活のなかで締結する様々な契約で、その不利に付け込まれないように、**消費者契約**（消費者と事業者との間で締結される契約）について、民法の例外を定める**消費者契約法**があります。
　また、悪質な商売を行う企業（悪徳業者）が利用しがちな契約類型について、一定の規制をかぶせる法律（**割賦販売法・特定商取引法**）も消費者保護のため、制定されています。

2　消費者契約法に基づく契約の取消し

　消費者契約法では、一定の要件のもと、**誤認**、**困惑**、**過量**を理由に契約を取消しできます。民法でも詐欺、強迫を理由に契約を取り消す

ことができます。しかし、詐欺、強迫を裁判所に認定してもらうのは
かなり大変であり、騙す意図が明白な場合や監禁して契約を迫るなど
して自由意志を抑圧した場合などにしか認められません。悪徳業者も、
明白に犯罪になることは避けようとしますから、詐欺、強迫にならな
いギリギリのラインを狙ってきます。

　そこで、事業者と消費者の間の契約については、詐欺とまでは言え
ないまでも誤解を招く表示で契約させたり（誤認）、家から退去を求め
たのに中々退去してくれなかったり、悪霊を除去するためには自社の
商品の購入が必要などと言ったりして、困らせて契約させたり（困惑）、
一人暮らしでめったに外出しないと知っていながら、何十着もの高級
着物を購入するよう勧めて、大量に契約させたり（過量）した場合な
どについても、契約の取消しを認めることにしたのです。

3　消費者契約法に基づく一部条項の無効

　また、事業者と消費者が契約を締結する場合、事業者は通常は定型
文の契約書を用意しており、消費者は、それに署名して契約するか、
契約自体を拒否するかの事実上の二択です。しかし、それでは事業者
側がいくらでも有利な契約書を作って一方的に署名を迫ることができ
ます。そこで、一定の著しく事業者側に有利（消費者に不利）な定め
は、その部分について無効となるルールとなっています。

　具体的には、**事業者の責任の全部の免除、故意・重過失の場合の事
業者の責任の免除、消費者からの解除権の放棄**などの条項が**無効**とさ
れます。

　なお、これに該当しない軽過失の場合について事業の責任を限定す
る条項（例えば、軽過失による場合は、購入時の商品代金を賠償額の上
限とする）などは、他にそれを無効とする理由がない限り、有効です。

4 割賦販売法

いわゆる分割払いのことを法律用語で**割賦販売**と呼びます。分割払いは、色々なパターンがありますが、典型的には、販売業者が代金の分割払いを認める取引（**狭義の割賦販売**）か、クレジット会社が商品の代金を販売会社に立替払いをし、後日、その代金をクレジット会社に複数回に分けて払う取引（**信用購入あっせん**）です。これは手元に多額のお金がなくても高額商品を購入できるので便利な反面、経済実態としては借金をして購入しているのと同じです。そして、長期間の分割払いをすると一回当たりの支払いが低額になるので負担感を錯覚する効果もあります。このような錯覚を利用して、事業者が、例えば「1日あたり喫茶店のコーヒー1杯分の負担で購入できる」などの営業文句を使用することがあります。しかし、よく考えれば、毎日かかさず喫茶店に行く人は少ないですし、分割払いの期間・回数を無視しているので、誤解を招く例えであることが分かります。

このような観点から、分割払いを規制する法律として**割賦販売法**があります。細かい規制の内容は省略しますが、契約内容を明示した書面の交付義務、解除や違約金等に関する契約内容の規制などにより、消費者が知らない間に著しく不利な契約を結ぶことを防止しています。

5 特定商取引法

一定の類型の取引は、悪徳業者によって消費者に非常に不利な契約を締結させるために利用されることがあるため、取引方法を類型的に規制する法律が**特定商取引法**です。

具体的には次のような取引方法は**特定商取引**として、強い規制がかけられています（カッコで併記されているのは正式名称では分かりにくい取引方法についてよく用いられる通称となります。）：訪問販売、通信販売、電話勧誘販売、連鎖販売取引（マルチ商法）、特定継続的役

務提供（悪質エステ商法等）、業務提供誘引販売取引（内職・モニター商法）、訪問購入（押し買い）、ネガティブオプション（送り付け商法）。

　これらは、悪徳業者が利用しがちな取引類型ですが、経済活動の自由は人権であることと、有用な場合（例えば、インターネットを利用した通信販売は今日の生活に欠かせない）も存在するので、全面的に禁止するのではなく、販売方法等に規制を設けて抑制しています。

6　訪問販売

　このうち比較的分かりやすい訪問販売についてもう少し詳しく解説します。訪問販売は概ね次のような要件に該当する商取引となります。

　　ア　**①営業所以外、又は、②キャッチセールスにより連れて行っ**
　　　　た場所において
　　イ　**商品又は特定権利に関する**
　　ウ　**売買等の契約を締結すること**

　訪問販売業者に対しては、**氏名明示・書面交付義務、クーリングオフの適用、契約解除時の賠償額の制限**などの特別な義務が課されます。また、行政は、訪問販売業者への検査権・命令権等を持ちます。

7　クーリングオフ

　特定商取引のうち多くは、**クーリングオフ**の制度が適用されます。これは、一定期間（訪問販売は 8 日）以内に書面による通知を発すれば、契約をペナルティ無く解約できる制度となります。頭を**冷**やす期間という意味でクーリングという言葉が使われています。「冷静に考えるといらない」という場合に解約を認める制度ということです。逆に言えば、良質な商品であれば、解約しようと思わないわけですから、

悪徳業者が困るように設計されていると言えます。

　なお、誤解されやすい点として、通信販売は特定商取引の一種ですがクーリングオフの適用はありません。

　また、クーリングオフの通知を発送したにもかかわらず、悪徳業者が「書面を受け取っていない」と主張する可能性もあるため、**内容証明郵便**など、発送の事実を立証可能な形で送付することが望ましいです。

第8章

基本的人権の保障（憲法1）

　前章までは、契約など、基本的には対等な関係について扱ってきました。しかし、ここからは国という個人とは全く対等ではない存在が出てきます。本章では、国と個人の関係について根本をなす憲法の意味と、憲法が定める主要な基本的人権について解説します。

　なお、本書では簡潔化のために条文にはほとんど触れないようにしていますが、憲法については条文自体が短く簡潔なので、本章と次章では条文を引用します。

1　憲法と基本的人権

　憲法とは、国の根幹となる規定であり、国の最高法規として、それに矛盾する法律は全て無効となる特別な法律です。日本国憲法では、大きく分けて、基本的人権（国民の権利）に関する部分と統治（政治体制）に関する部分の二つに分けられます。

　基本的人権は、fundamental human rights の訳語であり、人であれば誰でも持っている基本的な権利の意味となります。重要なのは、「基本的人権は誰でも持っている権利である」ということは、「嫌われ者も持っている権利」であり、むしろ「嫌われ者」にこそ基本的人権を保証する必要があるということです。

　そして、日本国憲法第97条は「この憲法が日本国民に保障する基本的人権は、人類の多年にわたる自由獲得の努力の成果であつて、これらの権利は、過去幾多の試錬に堪へ、現在及び将来の国民に対し、侵すことのできない永久の権利として信託されたものである。」として、

基本的人権が不可侵かつ永久の権利であることを宣言しています。

2 生命、自由、幸福追求の権利

　憲法第13条は「すべて国民は、個人として尊重される。生命、自由及び幸福追求に対する国民の権利については、公共の福祉に反しない限り、立法その他の国政の上で、最大の尊重を必要とする」として、国民には、生命、自由及び幸福追求の権利があることを示しています。この権利（**幸福追求権**）はそれ自体では強い権利ではありませんが、全ての権利の根幹となります。

3 平等権

　憲法第14条１項は「すべて国民は、法の下に平等であつて、人種、信条、性別、社会的身分又は門地により、政治的、経済的又は社会的関係において、差別されない。」として、**差別を禁止**しています。これを差別されない権利ととらえて**平等権**と表現することもあります。また、同第２項は「華族その他の貴族の制度は、これを認めない」として、戦前日本に存在した華族制度の禁止を定めています。

　なお、法律用語としての差別は異なる取り扱い全般をいい、正当化できないものは「**不当な差別**」、正当化できるものは「**合理的区別**」と表現する傾向にあります。正当化できる差別というと語義矛盾のように聞こえるかもしれません。しかし、例えば、「20歳にならないとお酒を飲めない」というのも一種の差別ですが、憲法違反であるとは考えられていません。これは身体的に未成熟な青少年をアルコールの害から守るためのルールです。しかし、当然ながら成長は徐々に進むもので個体差もあり、誕生日の前日まで未成熟な体が誕生日に突然に成熟するわけではありません。そのため、一定数の青少年は身体的には酒が飲める状態にもかかわらず、法的には我慢を強いられていると言え

ます。ところが、国が個別に身体の成熟度の審査をすることは非現実
的であるため、やむなく一律に年齢で差別しているわけです。このよ
うな異なる取り扱いは、差別の一種ですが、合理的区別として違憲と
はなりません。

4　自由権

　憲法は、「思想及び良心の自由」（19条）、「信教の自由」（20条）、「集
会、結社及び言論、出版その他一切の表現の自由」（21条）、「居住、移
転及び職業選択の自由」（22条）及び「学問の自由」（23条）など、様々
な自由を定めています。これらを総称して**自由権**と言います。各権利
の内容を細かく論じる紙幅はありませんが、重要なのは、国民は原則
として何をしても自由であり、政府や社会の多数派から見て"愚か"
なことであっても止められる理由はないということです。
　つまり、「思想及び良心の自由」は、"危険な思想"を持つ自由であ
り、「信教の自由」は"怪しい宗教"を信じる自由であり、「表現の自
由」は"いかがわしい"表現をする自由であり、「居住、移転及び職業
選択の自由」は"変なところ"に住み、"世間の望まない"職業を選ぶ
自由であり、「学問の自由」は"間違っている"学問を学ぶ自由という
ことになります。一見不合理に見えるこのような保証は、"正しい"自
由だけを保証すれば、政府は、簡単に自らの意見に反するもの全てに
ついて、"正しくない"ものとして自由を剥奪できてしまうからであ
り、このことは歴史が証明しています。
　そのため、自由の限界は、正しいか否かでなく、他者の権利を侵害
するまで（なぜならそれを超えると他者の人権が確保されないため）
とされるべきと、一般に考えられています。

5　社会権

　自由権は政府に対して「何もするな」と要求する権利ですが、他方で、現代の社会は非常に複雑化しており、単に政府が何もしなければ国民が満足できるという社会では無くなっています。

　そのため、日本国憲法には「健康で文化的な最低限度の生活を営む権利」（25条）、「ひとしく教育を受ける権利」（26条）、「勤労の権利」（27条）及び「勤労者の団結する権利及び団体交渉その他の団体行動をする権利」（28条）などの積極的な政府の活動や保護を求める権利が定められています。これを社会権と言います。

　特に「健康で文化的な最低限度の生活を営む権利」は、生活保護制度として具体化され、国民が困窮し、最低限度の生活ができない収入や資産しか無い場合には国（具体的には市役所）は、申請に基づき、最低限度の生活費を支給することになっています。

　なお、社会権と自由権の区別は憲法そのものに記載されているわけでは無く、学術的な分類ですので、その区別は相対的なものです。

6　参政権

　自由権・社会権は個人のための権利ですが、これを全うするためには、政治にも各個人の声を反映させる必要があります。日本国憲法は、「公務員を選定し、及びこれを罷免することは、国民固有の権利」（15条）として、公務員選定の権利が国民にあることを保障しています。これを具体化したものが選挙権となります。これは、個人が直接に自分の利益のために使える権利ではありませんが、重要な人権のひとつです。

　また、日本国憲法は国民が官公署に対して「平穏に請願する権利」（16条）も保証しています。

7　裁判上の手続き保障

　言葉で権利を保障したとしても、それを具体的に実現する手段が無ければ、権利は絵に描いた餅となります。政府自身が政府の活動が基本的人権を侵害していないかを確認することには限界があります。誰しも自分の過ちは気づきにくい上、政府も考え無しではなく、一定の見解を持って、問題となる行為をしているのが通常です。そこで、多くの国では政府（のうち政治的部門）から独立した機関である裁判所が人権保障の最後の砦となっています。

　日本国憲法も、「最高裁判所は、一切の法律、命令、規則又は処分が憲法に適合するかしないかを決定する権限を有する終審裁判所」である（81条）として、最高裁判所に法律の有効無効を判断することができる権限を与えています。最高裁判所の下にある各裁判所にも、最高裁判所の判例に反しない限度で、その権限が与えられています。

　また、日本国憲法は、国民に「裁判を受ける権利」（32条）を保証しています。特に刑事裁判に関して、令状無く「捜索及び押収を受けることのない権利」（35条）が保障され、かつ、被告人には「不利益な供述を強要されない」（38条）権利が保障されています。「不利益な供述を強要されない」権利は、**黙秘権**とも呼ばれます。

8　平和的生存権

　日本国憲法は前文で「全世界の国民が、ひとしく恐怖と欠乏から免かれ、平和のうちに生存する権利」を有していることを確認しています。これを**平和的生存権**と呼びます。ただし、現在の裁判所の考え方では、平和的生存権を元に政府に具体的な行動などを請求することはできないと考えられています。

　前文に掲げた理念を受け、日本国憲法第 9 条 1 項は、「日本国民は、正義と秩序を基調とする国際平和を誠実に希求し、国権の発動たる戦

争と、武力による威嚇又は武力の行使は、国際紛争を解決する手段としては、永久にこれを放棄する」として、国家の方針として**戦争放棄**を定めています。

　また、第9条2項は「陸海空軍その他の戦力は、これを保持しない。」として、国による戦力の不保持を定めています。

第9章
統治と民主主義（憲法２）

　国の最高法規である憲法は、基本的人権（国民の権利）と統治（政治体制）に大きく二分できるところ、前章では基本的人権を扱いました。本章では統治を扱います。

1　象徴天皇制

　日本国憲法第1条は「天皇は、日本国の象徴であり日本国民統合の象徴であつて、この地位は、主権の存する日本国民の総意に基く。」として、天皇が**国と国民統合の象徴**であることを示しています（**象徴天皇制**）。戦前の旧憲法第1条は「大日本帝国ハ万世一系ノ天皇之ヲ統治ス」としており、天皇を統治者としていましたが、象徴である戦後の天皇は統治者の地位にありません。そして、現行の憲法第4条は「天皇は、この憲法の定める国事に関する行為のみを行ひ、国政に関する権能を有しない。」とし、天皇が政治的な権限を有していないことを明確にしています。

2　三権分立

　政治的な権限を一人に集中させると、その人が何でもできるようになるため非常に危険です。そのため、多くの国では権力を複数の人や機関に分散させています。日本国憲法は、アメリカの制度をモデルとして、国家の権力を**立法**、**行政**、**司法**の三つに分けて、相互に監視させる仕組みをとっています。この仕組みを**三権分立**といいます。

3 立法・国会

まず、国家には法律を作る機関（**立法機関**）が必要です。憲法第41条は「国会は、国権の最高機関であつて、国の唯一の立法機関である。」として、国会だけが法律を作ることができるとしています。そして憲法第42条は「国会は、衆議院及び参議院の両議院でこれを構成する。」として、国会が**衆議院**と**参議院**の二つの議会からなること、憲法第43条1項は「両議院は、全国民を代表する選挙された議員でこれを組織する。」として、この議会の議員は国民の**選挙**で選ぶことを示しています。そして、憲法第59条は、法律案は、両議院で出席議員の過半数で可決したとき、又は、衆議院で可決し、参議院で異なる議決をした場合、衆議院で出席議員の3分の2以上の多数で再び可決したとき、法律となるとしています。

このようにして憲法は、全国民を代表する国会が法律を作ることで、法律に国民の意思が反映されるようにしています。

4 行政・内閣

法律を具体的に執行することを行政と言います。国会が制定した法律をみんなが守るように交通警察や保健所などの行政当局が法律違反の取締りを行うことは典型的な法律の執行となります。

憲法第65条は「行政権は、内閣に属する。」として、行政が内閣の仕事であることを示しています。憲法第66条1項は「内閣は、法律の定めるところにより、その首長たる内閣総理大臣及びその他の国務大臣でこれを組織する。」として、**内閣総理大臣**がその責任者であること、同第3項は「内閣は、行政権の行使について、国会に対し連帯して責任を負ふ。」として、内閣は一体として国会に対して責任を負うことを示しています。内閣総理大臣などが国会で質問を受けている場面をニュースで見たことがあると思いますが、このように国会は内閣を監視

する立場にあります。

　また、憲法第67条は「内閣総理大臣は、国会議員の中から国会の議決で、これを指名する」としています。これは、国会が全国民の代表であるため、その中から行政のトップを選ぶことにより、行政に国民の意思が反映されるようにするためです。

5　司法・裁判所

　紛争に法律を適用して解決すること（具体的には裁判を行うこと）を司法といいます。憲法第76条1項は「すべて司法権は、最高裁判所及び法律の定めるところにより設置する下級裁判所に属する。」として、司法権が裁判所の権限であることを示しています。

　そして、同2項は「特別裁判所は、これを設置することができない。行政機関は、終審として裁判を行ふことができない。」として、最高裁判所の下に無い裁判所（**特別裁判所**）の設置を禁じ、行政が司法権を切り取ってしまうことがないようにしています。また、同3項は「すべて裁判官は、その良心に従ひ独立してその職権を行ひ、この憲法及び法律にのみ拘束される。」として、個々の裁判官が**独立**して、即ち、誰かの命令や干渉を受けずに裁判を行うべきことを示しています（**裁判官の独立**）。

6　地方自治

　ここまで国の統治システムの説明ですが、国の全てをこの統治システムだけで統治する必要はありません。特に場所によって市民のニーズは異なってきます。例えば税金で除雪車を買う必要性は、沖縄県と北海道では全く異なります。そこで、ある程度の規模の国であれば、国全体を管轄する政府とは別に国を区分けしてその区分を管理する政府（地方政府、地方自治体、**地方公共団体**などと呼ばれます）を設置

しています。日本では、市区町村・都道府県などがこれに該当します。

　地方公共団体の権限を国が自由に奪えるのは危険なので、憲法第92条は「地方公共団体の組織及び運営に関する事項は、地方自治の本旨に基いて、法律でこれを定める。」として、行政が一方的に決めることはできないようにしています。

　また、憲法第93条1項は「地方公共団体には、法律の定めるところにより、その議事機関として議会を設置する。」として、地方公共団体に、国会とは別に**地方レベルの議会**（市議会、県議会など）の設置を求めています。また、同2項は、「地方公共団体の長、その議会の議員及び法律の定めるその他の吏員は、その地方公共団体の住民が、直接これを選挙する。」として、**地方公共団体の長**（市長、県知事など）は、**直接選挙**（住民の投票結果に基づき直ちに当選者が確定する選挙）で選任されなければならないとしています。なお、内閣総理大臣のように、選挙で選ばれた議員がさらに投票して当選者を選定する選挙を**間接選挙**と呼びます。

　さらに、憲法第94条は「地方公共団体は、その財産を管理し、事務を処理し、及び行政を執行する権能を有し、法律の範囲内で条例を制定することができる。」として、一定の**自治権・立法権**を保障しています。憲法第95条は「一の地方公共団体のみに適用される特別法は、法律の定めるところにより、その地方公共団体の住民の投票においてその過半数の同意を得なければ、国会は、これを制定することができない」として住民の意思に基づかない特別法の制定を制限しています。

7　憲法改正

　憲法は、広い意味での法律の一種であるため、社会の在り方や国民の意識が変化すれば変わることもあり得ます。実際に諸外国では頻繁に改正している場合もあります。もっとも、憲法は、それに反する法律や命令を全て無効化する強力な効果がありますので、たびたび変え

ると社会が混乱します。そこで、一般的には通常の法律より改正を難しくしてあります。改正を難しくしてある憲法を**硬性憲法**といいますが、日本国憲法も硬性憲法の一種です。

　憲法第96条は「この憲法の改正は、各議院の総議員の三分の二以上の賛成で、国会が、これを発議し、国民に提案してその承認を経なければならない。この承認には、特別の国民投票又は国会の定める選挙の際行はれる投票において、その過半数の賛成を必要とする。」として、改正を出席議員の過半数から**総議員３分の２の賛成**に加重し、さらに**国民投票による過半数の賛成**を要求し、憲法改正を通常の法改正より難しくしています。

第10章
情報社会における法律

　本章では、情報社会と言われる現代において重要な情報及び知的財産権に関連する法律・制度を説明します。

1　情報の重要性及び危険性

　民主主義体制の下では国民が政治のあり方を決めます、しかし、政治や選挙の参考となる情報について、私たちが直接知ることのできる範囲は極めて限られています。例えば、読者の皆さんが今までに直接会って話したことのある政治家は何人いますか？多くの方は自分の選挙区の政治家を遠目にちょっと見たことあるくらいではないかと思います。

　私たちは、政治に関する情報を、ほとんどをニュースなどの報道で知ることになります。報道などの情報の流通が無いところに民主主義は成り立ちません。情報の流通を保証する**表現の自由**は、民主主義社会の根幹となる権利であることが分かります。

　他方で、この権利は、デマや虚偽報道などにより、問題を生じさせる危険性も内在する権利です。しかし、デマをおそれて"正しい"情報だけを流通させようとすると、"正しい"かどうかを判断する機関が圧倒的権力を持ち、結局民主主義を破壊してしまいます。例えば、ある権力者が、敵対候補の演説や投票の呼びかけを全て"正しくない""デマ"と判断して流通を禁止できる権利を得たら、敵対候補をほぼ確実に落選させられるでしょう。

　アメリカ合衆国の建国者の一人、ベンジャミン＝フランクリン

(Benjamin Franklin) は「もし、全ての活版屋に対して、誰も傷つけないことが確実でない限り出版物を出版してはならないと定められたら、ほとんど何も出版されないだろう（if all Printers were determin'd not to print any thing till they were sure it would offend no body, there would be very little printed)」（Apology for Printers, 10 June 1731）という格言を残しています。

2　プライバシー・名誉の保護

　表現の自由により、情報の流通は原則として妨げられません。ただし、ある権利は他の権利とぶつかるときに調整が必要となりますので、表現が具体的に第三者の権利を害した場合は別です。ここで重要なのは具体的な権利を侵害されていることが必要で、単に“正しくない”や“見た人が不快”という程度では差し止めることはできません。

　そして、情報流通による権利の侵害については、多くの場合、名誉権、プライバシー権又は知的財産権の侵害が問題となります。

(1)　名誉毀損、侮辱

　個人の名誉は権利として法的保護の対象となります。そのため、事実でないこと、あるいは事実でも正当性のない公表により社会的評価を傷付けられた場合は、**名誉毀損**として違法になります。

　また、人は**名誉感情**（自尊心）を持っているので、それを著しく傷付けるような行為は、それが事実の公表を伴わない場合も、**侮辱**として違法になります。

(2)　プライバシー権の侵害

　プライバシーの権利は、“ひとりでほっておいてもらう権利”と説明されます。人に様々な他人に知られたくない情報があります。必ずしも評価が低下するとは限らない情報であっても、それらを正当な理由

なく公表することは、この侵害となります。

　また、プライバシー権の一種として**肖像権**（写真などを勝手に公表されない権利）が問題となる場合もあります。

⑶　知的財産権の侵害

　知的活動の成果を一定の要件のもと独占する権利を**知的財産権**と言います。直感的には「パクりの防止」を定めた権利と言えます。具体的な権利は要件に応じて、特許権・実用新案権・意匠権・著作権・商標権などに分かれますが、特に情報の流通について問題となりがちなのは著作権です。

　著作権は、著作物（思想又は感情を創作的に表現したものであつて、文芸、学術、美術又は音楽の範囲に属するもの；小説、音楽、舞踊、絵画、地図、映画、写真、プログラムなど）を創作することにより、著作者（創作した人）に発生します。そして、著作権の内容には**複製権**（複製を許可したり禁止したりする権利）などの細かい権利が含まれます。

　そのため、どんな下手な絵やつまらない小説であっても、自動的に著作権が付与され、第三者は勝手にそれを複製することができなくなります。

　いわゆる海賊版は、典型的な複製権の侵害の事例です。

⑷　侵害が許される場合

　上で述べた様々な権利に対する侵害はいずれも原則として違法ですが、それぞれについて例外があります。

　名誉毀損やプライバシー権の侵害については、例えば政治家の隠している過去の犯罪を暴く報道など、真実かつ公益性のある場合には正当化されることがあります。

　侮辱的表現については、私たちはみな聖人君子ではないので、社会の中でお互いに何らかの迷惑をかけているという点を意識する必要が

あります。そのため、個人は、他人の迷惑をある程度は耐える義務（**受忍義務**）があります。違法（即ち「侮辱」）となるのは、その限度を超えた侮辱的表現であり、それ未満の失礼な表現は法的には許されるということになります。もちろん道徳的には失礼な表現もしない方がよいですが、それは法律とは別問題です。

　また、著作権についても、著作物を著作者が完全に独占し、全く他人が利用できなくするのは、逆に文化の発展を妨害し、適切では無いので、一定の利用は許されています。例えば、公表された著作物の一部を複製しても、①**公正な慣行**に合致し、②**正当な範囲内**であれば、法律上認められた**引用**として、著作権の侵害はありません。

3　インターネット上での権利侵害の増加とその対策

　名誉毀損・侮辱、プライバシー権の侵害、知的財産権の侵害は、一昔前は、一般人よりも、小説家や報道記者といったプロ、出版社や新聞社といった生産・流通ルートを持つ事業者だけが事実上可能な状態であり、問題となる場合も限られていました。しかし、インターネットの登場により、情報発信のコストが格段に下がり、誰でも簡単にこれらの権利を侵害できるようになりました。SNS に名誉毀損・侮辱に該当する投稿をしたり、動画サイトに著作権を侵害する動画を上げたりすることは一瞬で完了します。そして、数万人が閲覧するものであっても、実名で投稿していない限り、表面的には誰が行ったかが分からないので、非常に危険です。

　このような状況を受け、現在は、**発信者情報開示請求制度**等によりIP アドレス等の開示をプロバイダに請求できるようになっています。これにより、発信者（発信者は必ずしも権利侵害者とは限りませんが、多くの場合は同一）を特定し、裁判等により損害の回復を試みることが以前よりも簡単な手続きでできます。

　悪意ある発信者は、さらにこれを調べにくくする方法を利用します

ので、イタチごっこの側面もありますが、一般の利用者にとってインターネット上の"匿名"は"調べても分からない"という意味では無く、発信者の特定方法は日々進化しています。

4 情報のコントロール

　情報技術の発展の結果、国や企業などが持つ情報が、昔と比べて莫大なものとなり、それをコントロールする必要が新たに生じています。情報及びその流通が適切にコントロールされるように次のような法律が制定されています。

(1) 情報公開法

　政府が情報を隠してしまえば、報道には限界があります。そこで、**情報公開制度**が制定され、現在は何人も国や地方公共団体に行政文書の開示を請求できるようになっています。市役所などに所定の申請書を提出し、手数料を納付すれば、一定の非公開事由に該当しない限り開示が義務付けられます。公開された文書は、その内容によっては、政治スキャンダルを追及する報道や税金の無駄遣いを追及する**住民訴訟**のきっかけになったりします。

(2) 個人情報保護法

　個人情報保護法は、個人情報をみだりに利用されない権利、保有個人情報の開示や削除等を求める権利を定めています。これについては国だけでなく企業等にも類似の規制が及びます。**個人情報保護取扱事業者**（個人情報データベース等を事業の用に供している者ですが、事実上全ての事業者）は、利用目的特定、不適切利用の禁止、安全管理義務、第三者提供の原則禁止、開示請求等に原則応じる義務などの色々な義務を課せられており、市民の個人情報を保護する責任を負っています。

⑶　特定秘密保護法

　いわゆるスパイの取締りを目的として、国が指定した秘密を保護し、その取得等を刑事罰で規制する法律です。報道や取材の自由との境目が今後問題となると予想されています。

⑷　マイナンバー法

　行政の簡素化や利便性の向上等を目的として、行政が、重複の可能性のある名前ではなく統一的な番号で個人を識別する仕組み（マイナンバー制度）が導入されています。今後のプライバシーの侵害や監視社会への懸念と行政の利便性の向上とのバランスが問題となると予想されています。

第11章

労働に係る法律

　私たちが就職する場合、多くの場合は会社と契約を締結し、法的に「労働者」という立場になります。労働者と会社は、建前としては対等ですが、実際には力関係があるため、労働者の権利を保護するための特別な法律が存在します。それらを学んでおくことは就職する際に重要であり、また、将来的に人を雇う立場になったときには一層重要になります。

1　労働契約

　働くための契約は、民法の典型契約としては雇用に該当します。まずは、民法の雇用契約のルールが基本となりますが、純粋な雇用契約は、現代ではほとんど利用が無い家事使用人だけであり、実際には労働者としての権利が付与される労働契約がほとんどです。

2　労働基準法

　個人が就職に当たって会社と合意する労働のルールを**労働条件**といいます（厳密には個人が個人を雇う場合も同様ですが、最近は多くの職場が会社なので、この章では雇用主を「会社」で統一します）。法律の基本的考えからすれば、会社と労働者は対等の立場に立って労働条件を協議できます。しかし、就職活動を想定すれば分かるように、ほとんどの場合、採用を希望する側（即ち、労働者側）が会社の提示した条件を承諾する以外の選択肢はありません。例えば、採用面接で「御

社は午前 8 時営業開始だそうですが、私は夜型なので午前10時にできませんか？」と聞けば不採用は確実です。

　そのため、会社の自由に任せれば、会社が一方的に会社に有利で労働者に不利な条件を労働者に押し付ける危険性が非常に高いといえます。そこで、国が一律に最低限度の基準を決めてしまい、労働条件がそれを下回ることを違法とすることで、労働者の権利を守る法律が**労働基準法**となります。

　労働基準法は全ての**労働者**に適用されます。パート、アルバイト、日雇い、不法就労を問いません。

　そして、会社には様々な義務・規制が課されます。具体的には、労働条件明示義務、有期労働契約の規制、均等待遇、損害賠償の予定の禁止、前借金相殺の禁止、強制貯金の禁止、就業規則作成義務、賃金の通貨払い・直接払い・全額払い・定期日払い、労働時間の規制、休憩時間付与義務、有給休暇付与義務などが会社には義務付けられます。

　なお、労働基準法以外の法律になりますが、関連法律により、育児休業・介護休業を付与する義務が会社にはあります。また、解雇についても裁判例を通じて規制されており、日本では会社は労働者を原則として自由に解雇することができないことになっています。

3　労働組合

　理論的には会社と労働者は対等ですので、労働条件（典型的には給与の金額）について対等に話し合えるはずです。しかし、実際には労働者は多数おり、また、会社は追加で労働者を採用することもできます。一人だけで会社と条件を改善する交渉しても、替えの効かない特別な労働者以外については、会社は「代わりはいくらでもいる」として改善に応じないでしょう。このため、労働者が団体を作り一緒に行動して、経営者と交渉する戦術が生み出されました。団体行動の典型例が同業罷免（**ストライキ**）であり、これは要するにみんなで一斉に

労働を拒否する（≒休む）ことにより、会社が代わりに働いてくれる人を見つけて営業を継続することを困難にする作戦です。この場合、会社はストライキ中の利益を失い大損しますので、会社としては、労働者側の要求を受け入れることによる損失と、ストライキの継続による損失を天秤にかけて、要求を受け入れやすくなります。ただし、労働者の給与の出どころも会社の利益ですので、この作戦はチキンレースの側面があります。実際には、ストライキなどの可能性を前提として、実行前に団体で交渉して落としどころを探ることが重要となります。このような目的のために労働者で作る団体を**労働組合**と呼びます。

　憲法28条は「勤労者の団結する権利及び団体交渉その他の団体行動をする権利は、これを保障する。」と定め、**団結権・団体交渉・団体行動権**（3つあわせて**労働基本権**）を憲法上の権利としています。また、**労働組合法**などの法律により、労働組合に具体的保護を付与しています。

　労働組合の交渉・行動に対する会社による報復や、会社による労働組合の支配は**不当労働行為**として違法となります。

4　職場環境の保障

　私たちが健康に働くためには、良好な職場環境が必要です。他方で会社からすれば、そのような職場環境の維持にはコストがかかるので、自由に任せると非人間的な職場ができ上がる危険があります。そこで、国は職場内の差別行為やハラスメント行為を禁止しています。

(1)　男女雇用機会均等法

　市場経済の原則では、会社は誰とどのような契約を結ぶことも自由であり、採用、昇進等についても同様です。しかしながら、過去に多数の会社において、性別だけを理由とした合理性の無い差別的慣行が存在したため、それを是正すべく、1985年に**男女雇用機会均等法**が制

定されました（その後複数回改正）。

　男女雇用機会均等法により、性別に基づく直接・間接差別は禁止されます。具体的には、採用に当たって対象から男女のいずれかを排除すること（例えば、男性限定、女性限定の募集）は、**直接差別として**違法となります。また、一方の性別に不利な条件を、合理的理由なく設定すること（例えば、デスクワークなのに身長・体重の上限や下限を設定）は**間接差別**として違法となります。なお、例外として、差別的慣行を是正するための**ポジティブアクション**の場合に限って女性を優遇することは許されますが、それも厳格な要件を守って初めて行えるものにすぎません。

　また、結婚、妊娠、出産などを理由として不利益な取扱いをすることも、男女雇用機会均等法により禁止されています。

⑵　ハラスメントの防止

　さらに、男女雇用機会均等法は、**セクシュアルハラスメント**（いわゆるセクハラ）、**妊娠・出産等に関するハラスメント**（いわゆるマタハラ）を防止するための対策を、会社に義務付けています。また、**労働施策総合推進法**が、職場における**パワーハラスメント**（いわゆるパワハラ）について、同様に対策を義務付けています。

　パワーハラスメントは、①優越的な関係を背景とした言動であって、②業務上必要かつ相当な範囲を超えたものにより、③労働者の就業環境が害されるものと法的には説明されます。セクハラの場合は、業務に必要な場合が事実上想定できないため、②の要件は不要ですが、本質的には同じ問題です。

　なお、ハラスメントの要件として「相手が不快に思えばハラスメント」という説明がなされることもあります。これは、加害者側の主観的な言い訳を防ぎ、自覚を持たせるという意味で、スローガンとしては意味があります。しかし、ハラスメントに該当するかどうかは、本来的には客観的に判断されるべきものであるので、法学的には誤解を招

く表現です。（参照：野口彩子『「相手が不快に思えばハラスメント」
の大罪　発刊によせて執筆者より』https://www.sn-hoki.co.jp/articles/
87730/）

5　終身雇用と契約社員・派遣労働

　日本の会社は原則として**終身雇用制**（希望すれば新卒から定年まで
同じ会社で働くことができる制度）を取っています。他方で、短期間
の需要の増加等に応じるための労働者を増やす場合、終身雇用は会社
の負担が大きく、現実的でない場合があります。

⑴　契約社員
　このような問題に会社が対応する一つの方法は、終身雇用である労
働者（法律上の用語ではありませんが**正社員**などと呼ばれます）とは
区別して、終身雇用でない労働者（同様に**任期付社員**、**契約社員**など
と呼ばれます）を雇用する方法です。

⑵　派遣労働
　次の方法は、自分が雇用している労働者をよそに派遣する会社（**派
遣事業者**）から、労働者（**派遣社員**と呼ばれます）を、自分の会社（こ
の場合、派遣受入企業と呼ばれます）に来てもらうという方法です。
このとき、派遣社員は、派遣事業者から給与を受け取るが、指示は派
遣受入企業から受けるという形で、通常の雇用とは異なります。
　この方法の場合、派遣受入企業は、派遣事業者に料金を支払い、派
遣事業者はその料金から、派遣社員に給与を支払います。派遣事業者
は、営利目的で事業を行っているので、当然ながら料金より給与の額
は低くなります。市場の自由に任せると苛烈な搾取につながるリスク
の高い事業であり、派遣事業は許可制となっています。
　また、正社員の代わりとして長期間に渡り利用されることを抑止す

るため、３年を超えて同じ事業所で働くことはできないこととされています。

　本来は、高度な技術者など引く手あまたなプロフェッショナルを臨時に雇う制度でしたが、近年は緩和されて"使い捨て"労働者を生み出す原因になっているとも言われています。

第12章

犯罪と刑事手続き

　小説、漫画、ドラマの世界で裁判が取り上げられるとき、多くの場合が刑事裁判です。ニュースや新聞でも毎日のように刑事裁判の結果が取り上げられています。本章では、もっとも劇的な法律問題である刑事事件の法と手続きについて概説し、実際には、どのような点が問題となるかを説明します。

1　刑事法

　刑事事件に関する法律を総称して刑事法と呼びます。刑事法は、**刑法と刑事訴訟法**を中心に多数の法令からなります。刑法は刑事に関する実体法であり、刑事訴訟法は刑事に関する手続法となります。刑法は犯罪の定義や刑罰の重さなどを定めています。刑事訴訟法は、事件の捜査及び裁判の審理がどのように行われるべきかを規定しています。

　人を殺した場合の最高刑は死刑であることはニュースなどでご存知と思います。人を殺すことが犯罪であること、その刑罰の最高限度が死刑であることは刑法の問題です。ある人が、殺人を犯したと疑われるとき、その人が間違いなく犯人であるかをどうやって確認し、どのように科す刑罰を決めるかの問題が、刑事訴訟法の問題となります。

2　刑　法

　刑法は、犯罪の定義を定めると言いましたが、これは言い換えると「何が犯罪か？」という問題となります。

　犯罪は、「構成要件に該当する違法かつ有責な行為」と刑事法学的には説明されます。まず重要なのは構成要件に該当することであり、これに該当しないことは、道徳的・社会的に悪いことであっても犯罪とはなりません。

　犯罪は予め法定されていなければならないという考え方を**罪刑法定主義**といいます。これは、「法無くして刑罰無し（Nulla poena sine lege）」という格言でも表現されます。

　例えば、刑法第199条には「人を殺した者は、死刑又は無期若しくは５年以上の懲役に処する。」とありますが、「人」を「殺す」という要件にまず該当しなければ、この条文の刑を科すことはできません。当たり前のように見えますが、例えば「人」の定義から外れる出産直前の胎児や死亡直後の遺体にどれだけ激しい害を与えても、殺人罪は成立しないと考えると、必ずしも直感通りの結論とはなりません。

　また、2023年まで日本には、大麻の使用を処罰する法律はありませんでした。もちろん、大麻を含めて薬物の乱用は危険かつ有害であるのですが、法律が無い以上、処罰には法改正が必要となったのです。なお、念のため説明しておくと、改正前の大麻取締法には所持罪があるので、大麻を所持することは犯罪であり、それまでも警察の取締りが全くできないわけではありませんでした。

　法律で処罰されないが、道徳的・社会的に問題がある行為はたくさんあります。しかし、国家は道徳と法律を切り分けるべきであり、刑事罰によって道徳に介入することは特に慎重に避けるべきであると考えられています。仮に国家の介入を許してしまえば、警察があらゆることに口を出せるようになって国民の側からしても窮屈です。また、警察の方も、あらゆる不祥事に駆り出されて、仕事がパンクしてしまい、逆に重大事件についてまともな捜査や取締りができなくなります。

　加えて、法律が刑の上限を定めることも、国家による際限のない処罰の防止に役立ちます。全ての被害者が納得する量刑は実際には不可能であり、処罰の限度については社会的な合意が必要となります。過

度に厳しい処罰は、犯人の開き直りを招いて治安の維持に逆効果となり、逆に被害者を増やしてしまうおそれもあります。

3　刑事手続きの流れ

　ある行為が犯罪であることと、それを立証できるかは別の問題です。犯罪の実態を明らかにして犯人を突き止めるには捜査が必要です。捜査は、一度も逮捕を行わずに完了する場合もあります。法律業界の用語でこのような事件を在宅事件と言い、法律上、本来はこれが原則です。しかし、多くの重大事件では、逮捕が捜査の起点となりますので、逮捕からの流れを取り上げて刑事手続きを解説します。

　まず、警察が犯人と疑わしい人物（**被疑者**と言います。）を見つけた場合、犯行直後などで一見して犯人と明らかな場合（現行犯）以外は、裁判所に**逮捕状**を請求し、裁判所が認めた場合のみ、逮捕が可能となっています。逮捕後、警察は、48時間以内に検察に被疑者と事件を引き継がなければなりません。これを送検と言います。なお、逮捕せずに事件（書類）だけを引き継ぐことを報道用語で書類送検と言います。書類送検そのものは単なる引き継ぎであり、警察は捜査の成否にかかわらず義務付けられているので、容疑の濃淡は本来全く関係ありません。

　検察は、被疑者を取調べ、被疑者を拘束したままで、さらに時間をかけて捜査すべきかを判断します。検察は拘束の継続が不要と判断したら釈放しますが、必要と判断したら、裁判所に**勾留**（10日の拘束追加）の請求をします。なお、多くの場合に検察は必要と判断します。

　裁判所は、拘束を解除したら、被疑者が逃亡や証拠隠滅を行うおそれがあると判断した場合は、勾留を認め、勾留状を発行します。勾留の10日間に、検察と警察は追加の捜査と取調べを行います。時間が不足する場合は裁判所に最大10日間の勾留延長を申立てることができます。

　捜査の結果として、検察から見て犯罪があったことが間違いなく、

かつ、事情を考慮しても刑罰を加えるのが相当と判断された場合は、検察は**起訴**を行い、そうでない場合は**不起訴**の判断をします。不起訴となった場合は、その時点で釈放され、法令上は、犯罪には問われていないのと同じことになります。ただし、不起訴理由によっては二回目以降の起訴の判断などに事実上影響することがあります。

　起訴により、正式に刑事裁判が開始します。被疑者の呼び方は**被告人**に変わります。また、起訴の時に勾留されていた場合は、勾留は判決のときまで事実上延長される代わりに、保釈の申請ができるようになります。**保釈**とは、保釈保証金を裁判所に預ける代わりに、条件付きで釈放される制度です。保釈保証金は裁判所が金額を決定します。被告人が裁判中に逃亡などをした場合は、裁判所は保釈保証金を没収することができます。被告人が最後まできちんと裁判を受けた場合は返還されます。

　裁判所の法廷で開かれる審理を刑事裁判では公判と呼びます。公判は、被告人が本人かどうかの確認や起訴状の朗読、被告人に対する黙秘権の告知、罪状認否（被告人が犯罪の成立を争うか否かの確認）などからなる冒頭手続きから始まります。その後、証拠書類の取調べや証人尋問などからなる証拠調べを行います。証拠調べが終われば検察官の論告求刑と弁護人の弁論等が行われ審理は終了します。その後、有罪か無罪か、有罪の場合、与えられる刑罰について、裁判所の判断を告げる判決が被告人に言い渡されます。

　有罪の判決である場合、被告人は権利として、上級の裁判所による審査を求めることができます。高等裁判所に対する申立てを控訴、最高裁判所に対する申立てを上告といいます。控訴・上告を行わないか、行っても有罪の判決が維持された場合は、判決が確定し、刑が執行されることになります。無罪の場合や検察が判決の刑が軽いと判断した場合などは、検察が控訴、上告する場合もあります。

4 刑事訴訟法の役割

　上記のような流れを法律で定めているのが刑事訴訟法ですが、このような手続きが法定されているのは、国民に手続きを保障し、怪しいからといって直ちに処罰されないようにするためとされています。特に守られるべき重要な原則として、令状主義、推定無罪、「疑わしきは被告人の利益に」、黙秘権があります。

(1) 令状主義

　被疑者を逮捕することや、自宅や会社事務所に承諾なく立ち入って証拠を探す（家宅捜索）ことなどを、強制捜査と言います。強制捜査は、国家による国民の自由と権利に対する極めて強い侵害です。そのため、警察が強制捜査を行うには裁判所の許可（及びその許可を示す書類である令状）が必要とされています。例外は現行犯逮捕などの特別な場合に限られます。

　そして、警察が令状なく逮捕や捜索をしてしまった場合、それが意図的なものであるなど、重大な違法によるものであるときは、その捜査によって入手された証拠は裁判で使用できなくなります。

(2) 推定無罪

　多くの重大事件では被疑者が逮捕された段階でニュースになるので、逮捕されたことが犯人であることを意味するような雰囲気があります。しかし、これは法的には誤りです。刑事裁判では実際に有罪の判決があるまでは、無罪の推定を受けることになっています。逮捕は、犯人と疑わしい人について、捜査中の逃亡などの防止のためにやむを得ない範囲で認められた措置にすぎません。犯人と裁判所で確認されて刑罰として刑務所に収容される服役囚とは扱いが異なります。また、国民としての法的な権利も、刑務所にいる場合とは異なり、制限されません。例えば選挙に立候補したりもできます（獄中立候補）。

⑶　「疑わしきは被告人の利益に」

　刑事裁判の判決は、被告人の財産・自由を強制的に剥奪し、時には生命すら剥奪する重大な国家行為です。そのため、万が一のミスがあっては取り返しがつきません。そこで、有罪判決には、被告人が単に「疑わしい」「怪しい」というだけでは足りず、証拠上、犯罪の成立が**合理的疑いを超えて確実である必要がある**とされています。これを格言の形で表したのが「**疑わしきは被告人の利益に**」です。

　これによって理論上「神の視点から見れば本当は犯人であるが、証拠が足りないので無罪になった」という人が出てきてしまうわけですが、近代国家においては、それよりも無辜（罪のない人）を処罰する危険の方が重大であり、回避すべきと考えられているわけです。

⑷　黙秘権

　警察は、被疑者に対して捜査の一貫として取調べを行います。また、裁判でも、被告人は知っていることについて質問されます。**黙秘権**は、これらの質問に答えない権利です。そして、答えない権利は、答えないことを裁判において不利に扱われない権利でもあります。「犯人じゃないなら答えられるはずだ」というのは刑事裁判では全くの間違いです。もちろん、黙秘権を放棄して答えることは自由です。しかし、私たちは、経験した通りに正しく答えられるわけではありません。ウソをつくつもりがなくても、記憶違いで誤った答えをしてしまう可能性もあります。特に逮捕されている場合、スマホや手帳も警察に押収されて、被疑者は見ることができません。例えば、1か月前の予定をスマホや手帳無しに正確に再現できるでしょうか？ほとんどの人は再現できないと思います。もし黙秘権がなければ、このような場合も供述を拒めませんので、記憶違いで誤った供述をして、それにより冤罪を受けるリスクを高めることになってしまいます。

⑸　弁護人選任権・国選弁護人

　刑事裁判において被疑者・被告人に色々な権利があるとしても、誰かから教えてもらえなければ知らないままです。また、抽象的に権利を知っていたしても、それを行使すべきタイミングか否かは、専門家に相談しなければ判断が困難です。そこで、被疑者・被告人には自分の味方となる専門家である**弁護人を選任する権利**が保障されています。

　また、弁護士に依頼するお金が無い場合でも、勾留されているか、起訴された場合は、裁判所が費用を立て替えて選任してくれます。このように裁判所が選任された弁護人を**国選弁護人**といいます。

　なお、国から国選弁護人に支払われる報酬は、一般的な弁護士費用の相場より低く抑えられており、差額を被疑者・被告人から受け取ることも禁止されています。そのため、多くの弁護士は専門家による社会奉仕活動（プロボノ）の一種として国選弁護人に就任しています。

第13章
家族・親族の法律

　現在の法律は、家族・親族を法的には独立した個人として扱うことになっており、昔のように一族を一蓮托生とはしていません。もっとも、家族・親族が特別な関係であることは否定できませんので、家族・親族間には特別なルールが設定されており、本章はそのルールについて説明します。

1　家族法

　民法は、その後半（第725条以降）を家族法に充てています。民法第4編のタイトルは「親族」、第5編のタイトルは「相続」となっています。「親族」は家族の間の法的関係について、「相続」は、家族が死亡した場合の財産の承継についてのルールが主な内容となります。

2　婚　姻

　結婚のことを民法では**婚姻**と呼びます。婚姻の成立には、実質要件として**婚姻意思**と、形式要件として**婚姻届の提出・受理**が必要となります。言い換えれば、結婚はお互いの合意により、婚姻届を提出しなければ法的には成立しないということになります。また、お互いの合意ということは、恋愛関係があることは婚姻の要件ではないということになります。現在では多くのカップルが婚姻前に恋愛関係がありますが、伝統的な見合い結婚や他の方法による合意に基づく結婚などが法的に否定されるわけではありません。重要なのは、結婚する二人の

合意があるかどうかに尽きます。なお、社会的に夫婦と認められる関係のある二人が婚姻の届出をしていない場合、これを**内縁**と呼び、婚姻に準じて扱う場合があります。

　婚姻が成立することにより、日本では、新しい戸籍が編成され夫婦が同姓となり、双方に**同居扶助義務、貞操義務及び契約取消権**が発生します。同居扶助義務（原則として家族で同居し、お互いに養うべき義務）及び貞操義務（要するに浮気しない義務）に一方が違反した場合、もう一方は損害賠償や離婚を請求できることになります。また、夫婦間の契約取消権は、夫婦間では様々な力関係によって一方に不利な契約を締結してしまうことがしばしばあるので、婚姻中はいつでも夫婦間の契約を取消すことができるとするものです。

3　離　婚

　夫婦が婚姻を解消し、他人同士に戻ることを離婚といいます。夫婦の両方が離婚を希望している場合は、もちろん離婚できます。夫婦の両方が離婚届に署名して、市役所に離婚届を提出すれば、離婚が成立します。これを**協議離婚**といいます。ただし、子供がいる場合は、離婚前に子供に関する取り決めをする必要があります。

　夫婦の片方が離婚に反対していたり、離婚自体には大筋で合意していても、子供や財産をどうするのかといった点で合意できなかったりする場合、それでも離婚するには、裁判所を利用した手続きが必要となります。

　家庭裁判所の**調停**を利用して話し合いを行い、それでも合意できない場合は、裁判となります。**裁判による離婚**の場合は、国が強制的に離婚を認めるわけですから、**不貞行為や悪意の遺棄**など「婚姻を継続し難い重大な事由」が客観的に存在する必要があります。

4　夫婦の財産・財産分与

　日本は**夫婦別産制**をとっており、自己の名で得た財産は自己のもの（夫が買ったものは夫のもの、妻が買ったものは妻のもの）が原則となります。もっとも、その原則は、実際上、実態に合わせて修正されており、相当部分が共有財産とみなされます。

　また、夫婦は、生活費（**婚姻費用**）について収入に応じて分担する義務があります。夫婦関係が円満である場合は実際にどのように分担するかは自由ですが、夫婦関係が悪化し一方が分担を拒否した場合は、裁判所が夫婦の収入をもとに所定の計算式を用いて強制的に金額を定めることができます。夫婦は、**日常家事債務**について連帯責任を負うことも定められており、片方が生活必需品に関する債務を負った場合は、もう一方も負担することになっています。最近は日常の買い物でツケ払いをすることがほとんど無いので、このルールは、現代にはあまり利用されませんが、昔はツケ払いが普通であったので、専業主婦の妻の注文について夫が支払いを拒否されると店が困るという事情がありました。

　夫婦が共同で財産を形成している場合、離婚する際に、一方は片方に財産の分割を請求することができます。これを**財産分与**といいます。財産分与の計算方法の理論的な面については色々議論がありますが、多くの場合は、**2分の1ルール**が適用され、夫婦が形成した財産の総額を評価した上で金額的に半々になる形で分与することが行われます。これは、いわゆる「内助の功」を考慮した扱いであり、仮に夫のみが働き、妻が専業主婦であったため、結婚後に形成した財産に夫婦で100：0の偏りがあったとしても、財産分与後の財産は50：50になるように調整するということです。

5　親子関係

　子供は出生により誕生しますが、その時点で、実の親との間の親子
関係が生じ、親は子供を監護・養育する権利と義務を負います。親が
子供に対して有する権利を**親権**といいます。親権は権利ではあります
が、子の福祉のために用いるべき、特殊な権利です。日本では、離婚
の場合は、親の親権はいずれかに決めなければなりません（**単独親権
制度**）。離婚後の親権をいずれが持つか（≒子がいずれと離婚後に同居
するか）は、財産のように分割できないため、しばしば激しい争いに
なります。

　なお、血縁上は親子でない人との間に、法的に親子関係をつくる仕
組みとして**養子縁組**があります。

6　相　続

　死亡した人の財産は、誰か（配偶者や子供など）が引き継ぐ必要が
あります。この財産の引継ぎを**相続**と言い、相続の場面では、死亡し
て財産を引き継がせる人を**被相続人**、財産を引継ぐ人を**相続人**と言い
ます。また引き継ぐ財産を**遺産**といいます。

　相続の場面では、戦前には「家」や「家督」の概念があり、いわゆ
る「家を継ぐ」意味で、一人（多くの場合は長男）が全てを相続して
いました。しかし、戦後、各兄弟姉妹は平等とされ、同一順位の各相
続人が平等に相続するのが原則となりました（**均分相続制度**）。

　団体としての「家」を現行法は廃止したため、相続は全て個人の財
産の問題として処理されます。例外は**祭祀承継**の問題です。お墓、位
牌、神棚などの祭祀の対象となる物は、分割したり、売却してお金に
換えたりするわけにはいきません。そのため、原則として「慣習に従
って」承継者が指定されます。

7　法定相続人・法定相続分

　死亡した人が遺言を残さなかった場合のため、法律は、相続のデフォルトルールを定めています。配偶者（夫・妻）がもし生存していれば、その人は常に相続人となります。また、子（子が先に死亡しているときは孫など）が第1順位の相続となり、第1順位の相続人が誰もいなければ、直系尊属（父母、祖父母など）が第2順位の相続人となります。そのいずれもいなければ、第3順位として兄弟姉妹（または甥姪）が相続人となります。

　各順位の遺産の取得割合（**法定相続分**）は、配偶者がいる場合、第1順位の相続人がいれば配偶者は2分の1、第1順位の相続人がおらず第2順位の相続人がいる場合は配偶者が3分の2、第3順位しかない場合は、配偶者が4分の3を取得し、他の相続人は、残りを平等に取得します。

8　遺言

　遺産について、被相続人の意思に基づいた分配を行うため、遺言の制度があります。一般的には**自筆証書遺言**か**公正証書遺言**が用いられます。他の方法もありますが、あまり用いられていません。遺言があると、自分がしたいように死後の財産を分配できることになります（ただし限界はあります）。

　自筆証書遺言は、文字通り自筆で書いた遺言書のことであり、もっとも簡単に作成できます。ただし、有効要件があり、**全文自書、日付の記載、氏名の自書、押印**が求められています

　自筆証書遺言は簡単に作成できますが、その分、遺言が本物かどうかといった点に争いが起きやすいです。死んだ人にこれは本物ですかと聞くことはできません。そのような争いを防ぎたい場合は、公正証書遺言が利用されます。公正証書は、**公証人**という公務員が作成する

文書のことであり、公証人が本人確認をした上で、その人から録取した内容を証書に記載することになっています。そのため、公正証書として遺言を残しておけば、国が、本人が実際にそう言っていたということを証明してくれるわけです。また、公正証書の原本は公証役場という国の機関で保管されるので、無くしたり改ざんされたりする危険がありません。

遺言はいつでも撤回できることになっています。気が変わったら新しい遺言書を作成し、前の遺言を無効にすることができます。

遺言執行者がいる場合は、本人の死亡後、遺言執行者が遺言に基づき財産を分配します。

なお、遺言では原則として自由に遺産を分配できますが、全額が他人に行ってしまうと家族が不利益を被ることもあることから、遺産の一定部分は**遺留分**と扱われ、法定相続人が遺言に反してでも権利を主張できることになっています。

9　相続承認／相続放棄

親子といえども法律上は他人ですので、相続人は、相続しないという選択ができます。特に、正の財産だけでなく、借金といった負の財産も相続の対象ですので、相続しない方が利益になる場合もそれなりにあります。

遺産をそのまま引き継ぐことを選択することを**単純承認**といいます。相続人が被相続人の銀行口座を解約して預金を引き継ぐなどのことをすれば、相続人は自動的に単純承認したとみなされます。

相続を希望しない場合は、裁判所において**相続放棄**の手続きをする必要があります。この手続きは、熟慮期間の3か月以内に裁判所に申請をする必要がありますので、これを忘れた場合、相続人は単純承認したことになってしまいます。

中間的な制度として、**限定承認**という制度があります。この制度を

利用した場合、裁判所に申請した上で財産を清算して、正の財産と負の財産を差し引きして正の財産が残れば引き継ぐことができます。制度上はこれが一番有利そうに見えますが、実際には手続きが複雑で費用なども相当かかりますので、現実にはあまり用いられません。

　なお、相続人（他者が相続放棄したことにより相続人となった人を含む）の全員が相続放棄した場合、遺産は最終的には国に帰属することになります。

10　遺産分割

　相続について、法定相続分による場合や遺言が割合しか定めていない場合は、具体的に誰がどの遺産を引き継ぐのかは、相続人間の**遺産分割協議**が必要となります。例えば、遺産に自宅・預貯金・別荘があるとき、自宅はAさん、預貯金はBさん、別荘はCさんなどと取り決めることになります。協議が成立しない場合は、裁判所による手続きで、最終的には裁判所が分割方法を決めることになります。

第14章

国際化社会における法律

　本書では法律は全て日本法であることを前提に解説してきました。しかし、外国には外国の法律が当然ながら存在し、その内容が日本法と同じとは限りません。また、国を跨ぐ問題には特別な法律問題が存在します。昔は個人が海外と関与するのは特別な場合のみでしたが、今は日常品でも輸出入されていない商品の方が珍しく、個人がインターネットを利用して海外の会社と直接取引することも珍しくありません。そこで国際化社会において注意すべき点について説明します。

1　国際私法

　海外との取引の場合、どちらの国の法律を使うのかに始まり、様々な問題が生じます。この問題を解決する法学分野を**国際私法**といいます。国際私法が扱う問題には、どの国の法律を使うかという適用法の問題、契約書の言語をどうするかという問題、どの国で裁判をするかという裁判管轄／仲裁合意の問題などがあります。また、輸出入許可、関税、投資規制の問題もあります。

(1)　適用法

　国によって法律は異なるので、どの国の法律を使うか（**適用法**はどこか）によって、ある問題への法律上の結論が変化する場合があります。例えば、解雇のハードルは、日本とアメリカ合衆国では全く異なり、アメリカの法律では従業員をパフォーマンス不足で簡単に解雇できますが、日本の法律ではかなりの条件が揃わないと解雇はできませ

ん。

　適用法について合意では動かせない場合もありますが、多くの契約
では契約書上で双方が特定の国の法律を適用することを合意すること
により、その特定の国の法律が適用されます。したがって、この特定
の国が全く馴染みのない国だったりすると、契約書の文言の意味と、
自分が思ってる意味が本当に一致するか否かについて注意が必要です。

　なお、適用法については、身近な方（自国の法律）がいいと考えら
れがちですが、両方がそう考えると結局どちらかに決まりません。ま
た、適用法によらず、なるべく結果が変化しないように契約書を作成
する必要があるため、海外取引では、あいまいさを排除するために、
しばしば契約書の文章が長くなります。

(2)　契約書の言語

　契約書の言語は原則として自由に決められます。翻訳が完璧であれ
ば、理論上は、どの国の言語でも内容には影響しません。そのため、
国内企業の同士の契約について英語で契約しても法律上は問題ありま
せん。ただし、実際には読解・翻訳が煩雑になるだけですので、そう
することは稀です。

　米国企業との取引は大体英語であり、アジア内での取引でもよく英
語は使用されます。これは、英語が多くの国で第二言語であり、また、
双方の国の言語のいずれかを用いるより、英語の方が中立的と考えら
れることが多いからと思われます。例えば日本企業とベトナム企業が
取引するときに、日本語とベトナム語の両方について難解な法律文書
を読み書きできるほど精通している人材は少なく、また、片方の言語
を採用するともう片方の企業に不利になると懸念されるために、いず
れの言語でもない英語の契約書が作成されることがあります。

(3)　裁判管轄／仲裁

　実際に紛争になった場合、どの国で裁判するかを考える必要があり

ます。あらかじめ合意していない場合は、各国の法律に基づき**管轄を**判断するのですが、海外取引の場合は混乱を防ぐため、多くの場合はあらかじめ契約書のなかで合意しています。

　そのときに、裁判所に自国企業の有利に判決するバイアスがあるのではないかという疑念や、国によっては裁判所が非効率であったり、腐敗していたりするなどの理由から裁判所の利用を回避することもあります。その場合、**仲裁**という民間の第三者に裁いてもらうという仕組みを利用します。

　遠方の裁判管轄はそれだけで訴訟のハードルを上げてしまい、泣き寝入りの危険性を高めます。例えば、米国IT企業の利用規約を見ると、多くが彼らの本社のあるカリフォルニア州の管轄を定めています。こうなると多少の不満があっても、カリフォルニア州で裁判をするのは大変ですので、あきらめる事例が出てきてしまいます。

⑷　輸出入許可・投資規制・関税

　輸出入・投資には様々な規制が掛かっており、また、輸出入の際に税金（関税）がかかることがあります。

　例えば、国内産が90円で海外産が50円の商品があったとして、関税を50円かければ、国内産と海外産が逆転するので、消費者は国内産を買うようになり、国内産業保護に繋がります。そのため多くの国が何らかの**関税制度**を設けています。しかし、消費者からすれば高値で買うことなり、国内産を生産する業者は値下げの努力をしなくなるなどの副作用があります。

　また、**外国為替及び外国貿易法**は、軍需品に転換できる精密機械の輸出を制限しているなど、安全保障のための貿易制限も存在します。

　放送法などの個別法により投資が制限されることもあります。放送法の場合は外国が自国の放送局を買収して、自国世論に影響力を行使する事態を防ぐために、外国人の投資は一定程度制限されています。

2　国際公法

　国際私法は、国内法と国内法がぶつかった場合の問題ですが、それとは別の次元で、国と国の関係を取り扱う法体系が存在します。これを**国際公法**といいます。基本的には政府と政府の間の問題ですが、国連のとなえる SDGs（持続可能な開発目標）など、一般市民も意識しておくべきルールが存在しますので、これを取り上げます。

(1)　国際公法

　国際公法は、**主に国家間のルールを内容とする法体系**であり、特徴として、**慣習法**の役割が大きいことと、立法機関（国会のような存在）及び執行機関（警察のような存在）が無いという点があげられます。あまり「法律」らしくない法律と言えます。

　立法機関・執行機関のように見える組織として**国際連合**がありますが、国際連合はあくまで勧告する機関であり、直接に法律を作成したり、執行したりできるわけではありません。

　国際公法は、独立・対等な主権国家同士の同意に基礎を置く（**同意原則**）ため、特定の機関に拘束力を認めることには非常に慎重です。仮に拘束力を認めてしまうと、主権国家が、その機関の従属する存在となってしまう恐怖が強いとも言えます。

(2)　国際公法と一般市民

　国家間のルールなら私たちには直接には関係ないのでしょうか？これは、半分正解であり、半分間違いであると考えます。

　個人に国際公法が直接適用されることは通常無く、国際条約などで個人を対象するとする規制が導入されるなどした場合は、国が国内的に立法して初めて個人に対しても具体的な効力が生じるという説（**間接適用説**）が一般的であるため、個人は関係ないといっても間違いとは言えないと思います。

　他方、国際連合といった国際社会の権威に逆らうことの**レピュテーションリスク**（評判低下の危険）は大きく、国際条約や勧告に実質的に違反するような行為を企業（特にグローバル企業）が行った場合、準公的機関（年金基金）などからの投資引き上げ判断や外資企業等との取引の停止などの不利益を被る危険性は大きいと言えます。また、直接適用が無いとしても、いずれ実行される可能性が高い国内立法の後では対応が後手に回ります。そもそも多くの場合は「正義」に反するとも言えます。そのため、個人にも関係あるというのもまた正解であると言えます。

　いまやあちこちで見る**持続可能な開発目標**（SDGs）も、正式な扱いは「2015年9月25日付け国連総会決議 A/RES/70/ 1」であり、国連による勧告にしかすぎないわけですが、多くの企業が自発的にこれに従っており、個人の生活に既に大きく影響を及ぼしています。

第15章
専門家への相談

　ここまでの学習により、読者のみなさんには法律に詳しくなっていただいたと思います。もっとも、実際の事件に対応するには専門家への相談が必須です。これは、インフルエンザウイルスと新型コロナウイルスの違いを学習としたとしても、実際に感染したときに、自分がどちらかを判定したり、治療を受けたりするには病院に行く必要があるのとまったく同様です。私たちは子供のころから何度も風邪などになっているので、体調が悪化したら病院に行けばよいというのは常識として染みついています。しかし、裁判という経験は多くの人には人生で何度もあることではないので、あらかじめ相談の方法などを学んでおく必要があります。

1　ふりかえり

　法律は、拘束力のある社会のルールであることを学んできました。しかし、あるルールを実現するためには、何がルールか、何が事実かを確定させる必要があります。そして、争いがある場合は、国家（裁判所）が決めることになっています。この争いを裁判というわけですが、その裁判は専門家によって運営されています。

2　専門家への相談の仕方

　まず、誰に相談すればよいでしょうか。日本には法律に関連する国家資格は複数あり、主要なものとして、弁護士・税理士・弁理士・司

法書士・行政書士などがあります。典型的には、**弁護士**は裁判で依頼者を代理したり、被告人を弁護したりすることが主な仕事になります。**税理士**は税金の計算や申告を行うのが主な仕事となります。**弁理士**は知的財産権の申請を、**司法書士**は不動産関係の登記申請を主な仕事としてます。**行政書士**は行政関係の書類の申請が主な仕事になります。

　これらの資格は専門分野の違いにより分けられています。「餅は餅屋」であり、正しい専門家に依頼することが大切です。

3　専門家の探し方

　筆者が弁護士であることもあり、弁護士の探し方を説明しますが、他の専門家についても本質的には同様です。

　まず注意が必要なのは、弁護士の有料紹介は法律で禁止されています。そのため、「お金で弁護士紹介します」という業者は、もれなく悪質業者です。**非弁業者**と言います。有料で紹介された先が善良な弁護士である可能性も極めて低いため、その意味でも利用してはいけません。

　各地方裁判所の所在地には、弁護士会という、地域の弁護士が強制加入する団体があります。大阪府なら大阪弁護士会となります。**弁護士会には無料の弁護士紹介制度がある**ので、心当たりがなければここに紹介を依頼することができます。

　また、顧問弁護士がいなくとも、顧問税理士などと契約している会社は多いです。税理士と他の専門家との間の横のつながりで、弁護士を無料紹介してもらうという方法もあります。実際に弁護士に依頼したことのある友人などから無料でその弁護士を紹介してもらうのも有力な方法です。弁護士に実際に依頼した人の感想は、弁護士の選択にあたって重要な情報です。

　近年は、インターネット広告を行っているの法律事務所も多いため、それらを検索する方法もあります。注意点としては、弁護士のルール

として、広告では「専門」を表示することは控えるべきとされています。そのため、ウェブサイトでは「強い」「積極的に取り組んでいる」と言ったあいまいな文言が使われることが多いです。しかし、これらの表現は主観ですので、ある意味「言ったもん勝ち」なところがあり、注意が必要です。

4　相談の方法

　弁護士は裁判で証拠に基づいて主張を展開しますが、そのためにはまず証拠を入手することが必要です。しかし、例えば、弁護士だからといってドラマのように勝手に事件現場に入ることはできませんし、証人尋問で相手が突然自白してくれるわけではありません。

　そのため、まずは依頼者において可能な限り**客観的な証拠を入手・整理**してもらう必要があります。証拠を見ることができない場合は、相談の回答もあいまいなものにならざるを得ないので、主要な証拠は、初回の相談の際から持って行った方が望ましいです。別の言い方をすれば**証拠の収集・保管は当事者の責任**となります。

　「お金を貸したが返ってこない」という相談であれば、貸したお金に関し、契約書、領収書・振込記録、手紙、録音、メモ、日記などが残されているかどうかが重要となってきます。一般的に、**有るべきものが無い場合や、無いはずのものが有る場合は、そのことが裁判等で不利に働く**ことになります。

　例えば、「1000万円を貸した」という場合、現金で1000万円を保管している人は少ないので、貸したはずの時期に銀行に引き出しや振り込みの記録が無いのは不自然となります。「1000万円を貸した」と当方が主張し、先方が「借りていない」と主張したときは、当方が実際に「貸したこと」を証拠で立証しなければなりません。他方、先方が「確かに借りたが、その1000万円は返した」と主張した場合は、今度は先方が領収書などからが「返したこと」を立証しなければなりません。

5　相談はなるべく早めに

　弁護士に頼むことと裁判はイコールではありません。弁護士に頼んでも多くの場合は返済等の行為を相手に求める通知書（お手紙）からスタートします。また、裁判が開始すると、先方も警戒しますので、裁判前だからできる証拠収集もあります。時効などの期間制限がある権利の場合、時間が経つとその権利は行使できなくなります。例えば、短いものではクーリングオフは原則8日以内に行使が必要ですので、本来はクーリングオフの対象の事件でも、その8日が過ぎてしまった後の相談では、クーリングオフの助言ができなくなります。したがって、**相談はなるべく早めにすることが重要です。**

6　相談の注意点

　弁護士に相談する場合も、**目標を決めるのは相談している本人**です。客観的に離婚が可能であったとしても離婚しない夫婦はいます。友達にお金を貸したときに、権利としては取り替えせるとしても、追い詰めたくないので請求しないという選択をするのは全く本人の自由です。
　また、よく勘違いされますが、弁護士は黒を白にする仕事ではなく、白を適切に白にすることを目的とする仕事です。弁護士は裁判において嘘を言えないことになっており、「実は赤信号だったが、青信号だったと言って欲しい」という要望にも応じられません。弁護士の**守秘義務は秘密を守ること**であり、被告人が黙秘しているにもかかわらず積極的に「赤信号」であったと暴露することはしないというだけに留まります。検察官が黙秘を受けて他の証拠から赤信号の立証を試みることは当然予定されています。また、黙っていたところ結果的に検察官が赤信号であったことの立証に失敗し、被告人が無罪になるのは、また別の問題です。
　なお、世の中には「グレー」と称される、違法のように見えるが取

り締まられていない事象があります。これが、単に政策的に取締りを見逃されているだけにすぎない場合、客観的には違法ですので、弁護士としては「違法行為はしてはいけない」と助言するしかありません。既存の法律の想定していない新しい事象で、解釈が未定という意味の「グレー」の場合は、弁護士が積極的に解釈を争い、法的にグレーを白と決着させる余地があります。しかし、この二つを混同して相談することはできません。

7　慎重な弁護士はいい弁護士

　弁護士は結果を保証することを禁止されていますので、裁判に関し「必ず勝てます」は基本的に禁句です。「証拠からすると認められる可能性が高い／低い」といった予測はできますが、それについても相当慎重になります。どんな弁護士も裁判は勝ったり負けたりします。あまりにも簡単に結論を断言し、相談者の望む結果を安請け合いする弁護士はむしろ要注意です。

著者紹介

堂山　　健（どうやま・けん）

弁護士（大阪弁護士会・カリフォルニア州弁護士会）、情報処理安全確保支援士、京都西山短期大学非常勤講師

2012年　東京大学法学部卒業、2014年　司法修習修了（67期）・大阪にて弁護士登録、2018年　米国カリフォルニア州に留学、2019年　カリフォルニア大学バークレー校法学修士課程修了・カリフォルニア州司法試験合格、2020年　日本に帰国、大阪で国内外の様々な法律問題を取り扱う。

大阪公立大学出版会（OMUP）とは
本出版会は，大阪の5公立大学-大阪市立大学，大阪府立大学，大阪女子大学，大阪府立看護大学，大阪府立看護大学医療技術短期大学部-の教授を中心に2001年に設立された大阪公立大学共同出版会を母体としています．2005年に大阪府立の4大学が統合されたことにより，公立大学は大阪府立大学と大阪市立大学のみになり，2022年にその両大学が統合され，大阪公立大学となりました．これを機に，本出版会は大阪公立大学出版会（Osaka Metropolitan University Press「略称：OMUP」）と名称を改め，現在に至っています．なお，本出版会は，2006年から特定非営利活動法人（NPO）として活動しています．

About Osaka Metropolitan University Press（OMUP）
　Osaka Metropolitan University Press was originally named Osaka Municipal Universities Press and was founded in 2001 by professors from Osaka City University, Osaka Prefecture University, Osaka Women's University, Osaka Prefectural College of Nursing, and Osaka Prefectural Medical Technology College. Four of these universities later merged in 2005, and a further merger with Osaka City University in 2022 resulted in the newly-established Osaka Metropolitan University. On this occasion, Osaka Municipal Universities Press was renamed to Osaka Metropolitan University Press（OMUP）. OMUP has been recognized as a Non-Profit Organization（NPO）since 2006.

OMUP ユニヴァテキストシリーズ ⑧
くらしとビジネスの法律

2024 年 1 月 30 日　初版第 1 刷発行

　著　者　　堂山　　健

　発行者　　八木　孝司

　発行所　　大阪公立大学出版会（OMUP）
　　　　　　〒599-8531 大阪府堺市中区学園町 1-1
　　　　　　大阪公立大学内
　　　　　　TEL　072(251)6533
　　　　　　FAX　072(254)9539

　印刷所　　株式会社 遊 文 舎